JN298013

〈役割語〉小辞典

YAKUWARIGO

金水敏［編］

研究社

はしがき

ようやく、多数の方々のお力をお借りして、『〈役割語〉小辞典』を世に送り出すことができた。このプロジェクトの始動は二〇〇九年三月に遡る。足かけ六年もかかってしまったのはひたすら編者の怠慢による。関係各位へお礼とともにお詫びを申し上げます。

本書はいわば、世界で初めての役割語に関する辞書である。歴史主義と言うべきか、時系列的な語誌の記述を重視したところに特徴があると言えよう。私を除く執筆者の岩田美穂さん、大田垣仁さん、岡﨑友子さん、廣坂直子さん、藤本真理子さん、依田恵美さん（五十音順）はすべて編者の勤務校である大阪大学で国語学の大学院の課程を修了した方々ばかりで、文献の読解・理論面の理解の能力に秀で、なおかつ読み物として面白い原稿を提供してくださった。本辞書になにがしかの魅力があるとすれば、それは何よりも執筆者の方々の力量に負うところ大なのである。

本辞書は同時に、科学研究費補助金「役割語の理論的基盤に関する総合的研究」（研究課題番号：一九三二〇〇六〇、研究期間：二〇〇七〜二〇一〇年度、研究代表者：金水敏）および「役割語の総合的研究」（研究課題番号：二三三二〇〇八七、研究期間：二〇一一〜二〇一四年度、研究代表者：金水敏）の成果であり、同科研費のメンバーの皆さんのご研究が本辞書の基盤となっている。また、同科研費の研究補助員の山本一巴さんは、最終段階の原稿整理の作業をしっかり勤めてくださった。同科研費の研究分担者、連携研究者、研究協力者、特任研究員、研究補助員の皆様に心よりお礼を申し上げます。

なお本辞書は、多くのマンガ資料から用例を採っているが、資料の閲覧に対して、京都精華大学国際マンガ研究センター／京都国際マンガミュージアムには格段のご配慮をいただいた。伊藤遊さんはじめ、研究センター／ミュージアムの皆様にお礼を申し上げます。

最後に、編集作業を最初から最後まで支えてくださった研究社の高橋麻古さん、本当にお世話になりました。思うように作業の進捗しない時期には心穏やかならぬ日々を過ごしてこられたはずだが、高橋さんは怠惰な私たち編者・執筆者に常に優しく時にきびしく、粘り強く接してくださり、お陰で私たちは最後まで緊張感を持って作業をすすめることができた。細かい調整や校正、付録の作成など骨の折れる作業も、時間的に厳しい状況の中、高橋さんは冷静かつ綿密にこなされた。この辞書が辞書として体裁を保てているのは、すべて高橋麻古さんのおかげです。ありがとうございました。

初めての試みゆえに、まだまだ課題の残る本辞書であるが、今後はユーザーの皆様の評価を受けて、よりよいものに改訂していきたいと考えている。なにとぞ末永くお付き合いくださいますようお願い申し上げます。

二〇一四年八月

金水　敏

目次

役割語とは何か——この辞典を利用する前に

金水　敏（編集代表）

役割語の定義

本書は、世界で初めての「役割語」に関する辞書です。役割語、という言葉を初めて見る方もあるかもしれませんので、説明をします。

まず、次の例文をご覧ください。ちょっとしたクイズです。うしろに話し手のリストが付いていますので、どのせりふをどの人物が話したか、結びつけてみてください。

a　おお、そうじゃ、わしが知っておるんじゃ。
b　あら、そうよ、わたくしが知っておりますわ。
c　うん、そうだよ、ぼくが知ってるよ。
d　んだ、んだ、おら知ってるだ。
e　そやそや、わしが知ってまっせー。
f　うむ、さよう、せっしゃが存じております る。

1　関西人　2　老人　3　男の子
4　武士　5　田舎者　6　お嬢様

日本で育った日本語の母語話者ならほとんど答え合わせをするまでもないほど自明のクイズですが、なぜちゃんと正解が出るのでしょうか。それは、話し方と人物像を結びつける知識を私たちが共有しているからです。役割語についての最初の単行本、金水（二〇〇三）には次のような定義があります。

ある特定の言葉づかい（語彙・語法・言い回し・イントネーション等）を聞くと特定の人物像（年齢、性別、職業、階層、時代、容姿・風貌、性格等）を思い浮かべることができるとき、あるいはある特定の人物像を提示されると、その人物がいかにも使用しそうな言葉づかいを思い浮かべることができるとき、その言葉づかいを「役割語」と呼ぶ。

（金水 二〇〇三・二〇五頁）

ここにもある通り、話し方と人物像が結びついているとき、その話し方を役割語というわけですが、話し方には語彙、語法、言い回し、イントネーション等の要素があると言っています。語彙とは単語のグループのことで、たとえば「一人称代名詞」というグループを考えるといいでしょう。日本語の一人称代名詞には「おれ、ぼく、わたし、あたし、うち、おいら、おら、拙者、わちき、まろ」などがあり、もうそれらを聞いただけで話し手の人物像が浮かび上がってきそうです。語法とは語と語の文法的な組み合わせ方の問題で、たとえば「書いている」と言うのか「書いておる」と言うのか「書いちょる」と言うのか、といった問題です。「言い回し」とはよく口にする決まったあいさつ言葉のようなもので、たとえば大阪の商人ですと、商売仲間と久しぶりに会うと、「もうかりまっか」「ぼちぼちでんな」と挨拶する、といったようなことがらです。

これに対して、人物像というのは、「年齢、性別、職業、階層、時代、性格、容姿・風貌、性格」とあります。特に重視したいのは、社会的な集団として私たちが常に気を遣わなくてはならない年齢・世代、性差、職業、それから住んでいる地域（都会か・田舎か、中央か・地方か）です。

性格、というとやや個人的な問題になって言葉の問題とは必ずしも関係しにくいので、少し副次的に捉えておくことにします。

本書は、このような観点から、特に役割語の語彙、加えて語法・言い回し的なところまで含んで、その方面からそれらの表現が指し示す人物像を検索できるような辞書を作ろう、という観点で発想されています。

さらに、本書を利用する上でぜひ知っておいていただきたい事項を以下に述べておきます。

ステレオタイプとフィクション

まず、役割語は現実の人物の日常的なリアルな話し方について規定するものではありません。たとえば「すてきだわ」のような表現はいかにも女性的に感じられるので、私たちはこれを**〈女ことば〉**の一要素と捉えますが、そのことは「女性の日本語話者は必ずそのような表現を用いる」とか、ましては「女性の日本語話者は用いるべきだ（用いた方がいい）」ということを主張するわけではありません。そうではなくて、「すてきだわ」のような言い方を多くの日本語話者が「女性的である」という知識を共有している、という点に注目したいのです。

このように、「実際にそうであるかどうか」はともかくとして、「こういうグループの人間はえてしてこういう性質を持っている」という知識が社会で広く共有されているとき、その知識のことを「ステレオタイプ」と言います。たとえば「女性は男性よりも感情的な言動を取りやすい」といったような知識です。ステレオタイプな知識はしばしば偏見や差別と結びつきやすく（たとえば「だから女性をリーダーにするのは避けよう」などという判断に結びつけるなど）、社会的な弊害も大きいのですが、一方でなかなか排除が難しいという性質も持っています。役割語は、言葉のステレオタイプと言うことができます。

ステレオタイプが最も効力を発揮するのは、フィクションにおいてです。役割語はまさしくそうです。つまり、せりふを役割語によって構成すれば、フィクションの作り手の想定した人物像が瞬時に、的確に受け手に伝わるからです。あるいはこうも言えます。ある影響力のある作り手が、いまだ充分役割語として受け入れられていない表現を作品の中で用いることによって、ステレオタイプが強化され、役割語としての認知度が高められるのです。ステレオタイプな知識は、いわゆる芸術的な作品よりも、大衆的な作品、B級作品と言われる作品でより多く活用される傾向がありま す。この辞典ではそういう理由で、大衆的なフィクションすなわちポピュラーカルチャー作品から数多く用例を集めています。マンガ、アニメ、ドラマ、映画、落語、漫才といった作品です。

役割語の分類

「役割語は何種類あるのか」という問いに答えることは実は難しいのですが、役割語を成り立たせている原理から考えていくと、より大きな分類から、より細かい分類へと、ある程度系統立てて整理することは可能です。先に述べた、役割語を支えるステレオタイプの基盤には、性差、年齢・世代、職業・階層、地域、時代、人間以外という分類の観点があります。この観点に沿って、本辞典で用いる役割語のラベルを整理しておきたいと思います。本辞典では役割語のラベルは**〈老人語〉**のように山カッコに括って示すこととします。

●性差

基本的な性差を反映した役割語として、**〈男ことば〉〈女ことば〉**というラベルを立てておきます。**〈男ことば〉**の語彙には、「ぼく」「おれ」「～ぞ」「～ぜ」「おい」「止めろ」などの命令形が含まれます。**〈女ことば〉**の語彙には「あたし」「〜わ」「〜もの」「あら」「まあ」などが含まれます。**〈男ことば〉**は、江戸時代の江戸の**〈町人ことば〉**と、明治時代の**〈書生語〉**と言われる学生言葉が基盤となっています。**〈男ことば〉**は近代日本語の標準語の発達とともに形成されてきたと言っていいでしょう。一方**〈女ことば〉**は、江戸時代の「あそばせ言葉」と呼ばれる丁寧な話し方を基盤としつつ、明治時代の「女学生言葉」（あるいは「てよだわ言葉」）の要素が多く取り入れられています。明治時代以降の近代小説をはじめとする近代的なフィクションの中で、女性キャラクターを描写するために大いに発達しました。

さて、**〈男ことば〉**の基盤の一つである**〈書生語〉**には、「ぼく」「きみ」「吾輩」「諸君」「失敬」「〜たまえ」などの語彙が含まれていました。「ぼく」は**〈男ことば〉**の一般的な代名詞となっただけでなく、**〈少年語〉**の代表的な一人称代名詞にもなっています。「〜たまえ」は、今日では地位や権力を持った男性が用いる**〈上司語〉**の語彙に流れ込んでいます。

〈女ことば〉の基盤となった女学生言葉のうち、「〜てよ」「〜こと」「〜です（ます）わ」などは、今日日常会話の中ではあまり聞かれなくなりました。これらは**〈お嬢様ことば〉〈奥様ことば〉**として認識される場合が多いでしょう。「〜ざ（あ）ます」も**〈奥様ことば〉**の一つです。

トランスジェンダーな人々の言葉を指し示す**〈おネエことば〉**もここに入れておきますが、語彙的には**〈女ことば〉**におおむね包摂されると言えるでしょう。

●年齢・世代

日本語の役割語でひときわ精彩を放ち続けるものに、**〈老人語〉**があります。「わし」「〜おる」「〜じゃ」などの語彙が含まれます。**〈老人語〉**と**〈書生語〉**が複合した**〈博士語〉**もポピュラーカルチャー作品の中では盛んに用いられます。**〈老**

人語〉は、江戸時代後期の江戸の町人たちの言葉の中で、当時権威を持っていた上方（京都・大阪）語が、急速に発展してきた江戸語との対比の中で老人の言葉として認識されるようになったことを反映しています。すなわち、〈**老人語**〉は〈**上方語**〉に由来する言葉の一つと言えます。なお、江戸語はその後、近代の東京の言葉となり、さらに標準語の基盤となりました。

〈**老人語**〉は男性の話し手が一般に目立ちますが、女性の使い手もいます。また〈**おばあさん語**〉として見た場合には、〈**老人語**〉とまったく同じ「わしは〜じゃよ」と言うおばあさんと、「あたしゃ〜だよ」と言うおばあさんの二種に分けられるということが言えます。後者は、江戸の〈**町人ことば**〉や東京の〈**下町ことば**〉に近い言語です。

また〈**老人語**〉の応用として、〈**王様・貴族語**〉〈**お姫様ことば**〉などがあります。「〜じゃ」を用いるところが共通で、一人称代名詞は王様であれば「わし」、お姫様であれば「わらわ」が用いられることが多いでしょう。

〈**幼児語**〉には性差はさほど反映されません。「あたち」「〜でちゅ」などの幼児らしい舌足らずな話し方が〈**幼児語**〉の典型です。

●職業・階層

〈**博士語**〉（〈**老人語**〉）、〈**上司語**〉、〈**お嬢様ことば**〉〈**奥様ことば**〉などは、知的水準や経済水準の高い男女の言葉づかいと言っていいでしょう。一方で、〈**やくざことば**〉〈**ヤンキー語**〉〈**スケバン語**〉などは、アウトローな人々の言葉づかいとして位置づけられます。

特殊な職業に由来する役割語として、〈**軍隊語**〉と〈**遊女ことば**〉が挙げられます。前者は、第二次世界大戦前の日本陸軍に由来する表現が多く見られます。「自分」「〜であります」「きさま」などがそれです。また〈**遊女ことば**〉には「わちき（あちき）」「〜でありんす」など、江戸時代の遊郭の言葉を源泉とする表現が含まれます。

●地域

中央に対する周縁の地域の言葉を表す役割語として、**〈田舎ことば〉**があります。「おら」「〜するだ」「知らねえ」「ごぜえます」などの語彙が含まれます。**〈田舎ことば〉**はしばしば現実のいろいろな方言の要素が混ぜ合わされており、特定の方言に限定することはできません。

現実の方言をより色濃く反映したものとして、**〈大阪弁・関西弁〉〈京ことば〉〈九州弁〉〈土佐弁〉〈沖縄ことば〉**などがあります。**〈大阪弁・関西弁〉**はポピュラーカルチャーの歴史の中でも古くから用いられてきた、伝統ある役割語の一つと言えるでしょう。今日、関西出身の芸人の言葉として広く知られており、関西以外の人でも「なんでやねん」「ぼちぼちでんな」などは遊び的な文脈の中でしばしば用いられるところです。関西弁の中でも**〈京ことば〉**は「おす」「〜どす」などを含み、**〈舞妓ことば〉**や京都のお店の言葉として表現されることがよくあります。**〈九州弁〉**は「おいどん」「〜ばい」「〜たい」「〜と」「〜ごわす」などを含みますが、特に「おいどん」「〜ごわす」は西郷隆盛の鹿児島弁としてしばしば用いられるところです。**〈土佐弁〉**は言うまでもなく坂本竜馬とともに広められました。竜馬が**〈土佐弁〉**を多く話すようになったのはフィクションの中では司馬遼太郎『竜馬がゆく』が早い例であると言われます。**〈沖縄ことば〉**はNHK朝の連続テレビ小説『ちゅらさん』で広く認識されるようになった言葉で、「おばあ」「知ってるさあ」「なんくるないさあ」などの語が含まれます。

外国人を表現する**〈片言〉〈ピジン〉**もここに位置づけておきます。西洋人はしばしば「オー、わたしそれ、わかりませーん」などの話し方で表現されます。中国人は「それ違うある。早く払うよろし」などのいわゆる**〈アルヨことば〉**の使い手として表現されます。黒人奴隷の言葉として

〈田舎ことば〉が利用されることはよく知られています。

●時代

古い時代の日本語を代表する役割語として、**〈武士ことば〉**を挙げることができるでしょう。「拙者」「ござる」「申す」「存ずる」「いたす」などの特徴的な語彙が含まれます。**〈忍者ことば〉**として今日認識されている言葉は基本的に**〈武士ことば〉**であると考えていいでしょう。リアルな忍者について決まった言葉づかいがあったという歴史的な記録はありません。

また、平安時代やそれ以後のお公家様が用いそうな言葉として**〈公家ことば〉**が挙げられます。「まろ」「おじゃる」がその代表的な語彙です。「まろ」は奈良時代から使われていますが、「おじゃる」は実は室町時代から江戸時代にかけて見られるようになった言葉で、特に貴族に限定された表現ではありません。**〈遊女ことば〉〈町人ことば〉**も時代劇によく用いられます。

●人間以外

オタク文化の中ではしばしば「人外《じんがい》」と表現される領域です。**〈宇宙人語〉**として「ワレワレハウチュウジンダ」のように文字であればカタカナで書かれ、音声であれば機械的で平板なイントネーションで話される表現があります。**〈ロボット語〉**も**〈宇宙人語〉**とよく似て、「ワタシハロボットデス」などと表現されます。

〈動物語〉もここに挙げられます。「知らないワン」「そうだニャー」など、「キャラ語尾」（キャラクターを特徴づける文末表現）を使った表現がよく用いられます。狂言、文楽、歌舞伎などに見られる「狐言葉」も**〈動物語〉**の一種と言えるでしょう。

妖精や宇宙人の類いでも、先に述べたキャラ語尾はよく用いられます。「そうだクポ」「そうだピョーン」などと、いくらでも新しいパターンを作り出すことが可能です。

神様や幽霊などの超常的な存在物は、しばしば文語で話します。「我はこの湖の守り神なるぞ」「恨み晴らさでおくべきか」などがそれに当たり、**〈神様語〉〈幽霊ことば〉**と位置づけられます。

役割語の歴史的な形成過程

下図をご覧ください。これは、役割語の歴史的な形成・継承・拡散の過程を図示したものです。

役割語の源泉として、多くの場合、現実の社会的グループに特有の表現がとられます。ただしリアルな表現がそのまま役割語になるのではなく、整理・単純化され、一定の語形が繰り返し使われることで役割語として定着していきます。また現実の話者の話し方は実は千差万別で、決してステレオタイプにはまらないことが通常ですが、役割語では逆に過剰に社会的グループと話し方との関係を強調します。一定の話し方とグループとの関係が、個人のみならず共同体に共有知識として認識されている状況で、そのステレオタイプを表現に用いたのが役割語と言えます。共有知識が必ず

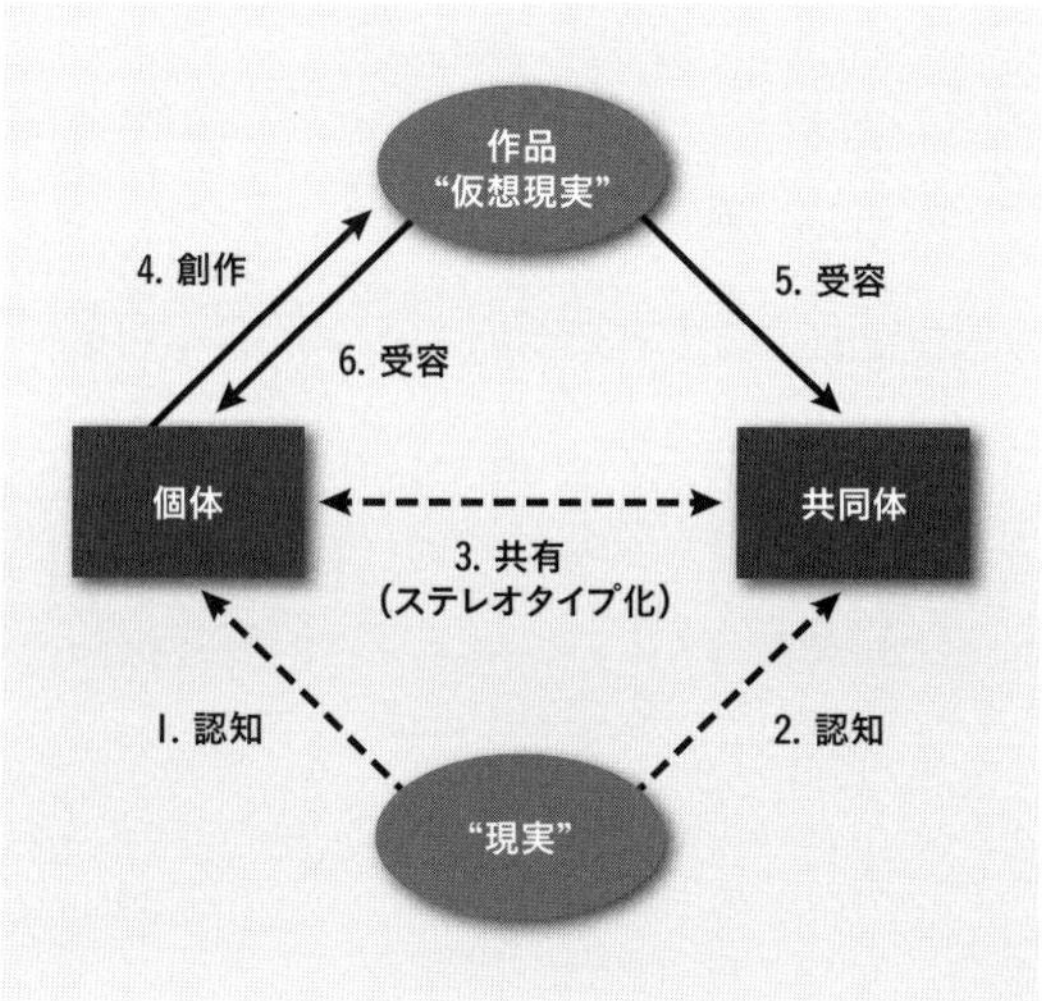

しも完全でなくても、影響力のある作り手が作品の中で特定の表現を特定のグループの表現として用いると、ステレオタイプが固定・強化されるということも言えます。いったんその関係が知識として共同体に共有されると、現実の状況とは関係なく、役割語は何世代にもわたって創作物の中で継承し、生き続けていきます。**〈老人語〉**がその典型として挙げられるでしょう。

一方で、現実社会における話し方が変化してくると、役割語も影響を受けて変化する場合があります。言葉の性差という点では、かつての**〈女ことば〉**の一部はむしろリアルさを欠く**〈お嬢様ことば〉**や**〈奥様ことば〉**にシフトしており、普通の女性の話し言葉としてはあまり性差のない表現がむしろ使われる、といった現象は、時代とともに役割語が変化する例と言ってよいでしょう。

なお、先に挙げた「人間以外」の話し方は、基本的に現実ではなく、特定の作者の想像力から生み出された話し方が、後続する作品で受け継がれた、ということを示しています。

この辞典では、語釈の中で、できるだけこういった歴史的な過程を丁寧に説明するように心がけています。用例も、役割語として固定する以前のもの、役割語として用いられた最初の頃のもの、役割語の用法が変化した頃のものなど、歴史的変遷がつかみやすくなるように考えています。

用例の示し方

役割語の用例を示す際には、可能な限り、作品のジャンル、作品名、作者等、初出年を各用例に付しています。一件煩瑣な情報が多いようにも見えますが、これは、先に述べた歴史的な形成過程を重要と考えるからです。なお、作品の初出年と、実際に典拠とした作品の出版年等は必ずしも一致しません。初出年は、たとえばマンガであれば雑誌に掲載された年（あるいは期間）または最初に単行本化された年を示しています。用例を実際に採集した原典は、巻末の引用出典一覧に示してありますのでご参照ください。

こんな方にお勧めします

この辞典は、誰がどんな目的で使うのでしょうか。私たちは、次のような皆様を読者として想定しています。

- 日本語、特に役割語に興味を持つ一般読者。
- ポピュラーカルチャー作品を、より深く楽しみたいファンの方々。
- ポピュラーカルチャー作品の製作に当たっている方、またはそれを目指している方。
- 外国作品の日本語への翻訳、あるいは日本作品の外国語への翻訳をしている方。
- リアルな日本語と役割語の区別をよく知り、日本語の学習に役立てたい日本語学習者、日本語教育関係者。

各項目の語釈は、スペースの関係もあって簡潔を旨とはしましたが、読み物としてもある程度楽しめるような記述を心がけました。この辞書を通じ、日本語の持つ幅広い魅力を感じていただけましたら幸いです。

※この前書きの基盤になっている研究文献は、巻末の参考文献に挙げてありますのでご参照ください。

凡例

見出し

1. 見出しは見出しの読みを現代仮名遣い表記で示した。
2. 項目は、見出しの読みによって五十音順に配列した。
3. 見出しの下に、表意的な表記を漢字仮名交じりで示した。さらにその下に見出し語句の品詞名を記した。品詞は、いわゆる学校文法に従い、「感動詞」「形容詞」「形容動詞」「サ変動詞語幹」「助詞」「助動詞」「接続詞」「接頭辞」「代名詞」「動詞」「副詞」「名詞」「連語」とした。

本文

1. 見出しのあとに、概要をしめすリードを数行付けた。リードの後に、詳細な語釈を付けた。
2. 語釈は内容のまとまりごとに「▼」で区切って示した。また、各まとまりごとに、用例を一例ないし数例掲げた。
3. 用例は、「＊」印のあとに、原則としてジャンル名、作品名、作者名、初出年（期間）、用例の本体の順で示した。初出年（期間）は、雑誌等への最初の発表年・掲載期間、または最初の単行本の出版年とした。用例の本体では、話者や場面等の注記を適宜（　）に括ってしめした。用例の表記は読みやすさのために原文から適宜変更している場合がある。
4. 語釈のなかで適宜、見出し語句に該当する役割語の分類名を〈　〉に括って示した。
5. 本文中に、他に立項されている語がある場合はその語を太字で示した。本文中にはないが、参照するのが望ましい項目がある場合は、本文末尾の「↓」の後にその項目名を挙げた。

6. 各項目の末尾に、執筆者の姓を［　］に括って記した。

付録

1. 巻末に、「引用出典一覧」、「参考文献」、「役割語名索引」を掲げた。

2. 「引用出典一覧」は、本文で示した用例のうち、書籍として刊行されているものに限って示し、ジャンルごとに分類した。ジャンルは「エッセー・随筆」「絵本」「演説」「歌舞伎・浄瑠璃」「脚本」「狂言」「記録」「講談」「滑稽本」「古典」「洒落本」「小説」「新聞」「童話」「人情本」「俳諧・雑俳」「翻訳」「マンガ」「漫才」「読本」「落語」「和歌集」とした。室町時代以前の作品は和歌集を除いてすべて「古典」とした。各ジャンルの中では、作品名の五十音順で書誌情報を提示した。ここでの書誌は、初出資料ではなく、引用に際して参照した資料のものである（なお、本文ではこの他のジャンルとして「アニメ」「映画」「ゲーム」「コント」「ドラマ」「バラエティ番組」「ブログ」「ラジオ書き起こし」「流行歌」も挙げている）。

3. 「参考文献」は、本辞書を作成するにあたって参考にした先行研究の書籍・論文を、著者名の五十音順で示したものである。本辞書で直接言及している文献はもちろん、特に言及はしなかったが随所で記述の基盤となっている文献も一覧に加えた。

4. 「役割語名索引」は、本文で〈　〉に括って示した役割語名をすべて集め、五十音順に配列し、その使用箇所を頁番号で示した。

見出し語一覧

あ行

か行

さ行

あ行

あかん　明かん（連語）

動詞「明く」に打ち消しの助動詞「ぬ」が付加されたもので、「埒《らち》が明かぬ」を略した表現「明かぬ」が変化した語。「埒」とはもともと「囲い」や「しきり」、特に馬場の周囲の柵のことで、一定の範囲や限界を意味する。そこから「埒が明く」＝物事の決着がつく、「埒が明かない」＝物事がうまくいかない、駄目だという意味の表現ができた。

▼用例は江戸時代中頃の浄瑠璃や歌舞伎から見え始める。＊[浄瑠璃] **祇園祭礼信仰記・四段**（中邑《なかむら》阿契《あけい》・豊竹応律・黒蔵主《こくぞうす》・三津飲子《みついんし》・浅田一鳥《いっちょう》）〔一七五七〕「**扨《さて》あかんあかん、何ぼいうても次風呂はならぬとおっしゃる**」▼一九五三年にテレビ放送が開始され、『番頭はんと丁稚ど

ガブやん
やみくもに
突進しても
アカンで
かけひきを
おぼえんと

ケンカのテクニックを教えるネコのミケ
佐々木倫子『動物のお医者さん④』15頁
白泉社（白泉社文庫）、1996年
©佐々木倫子／白泉社

ん』（一九五九）、『てなもんや三度笠』（一九六二）など関西発信のお笑い番組が人気となったことや、『番頭はんと丁稚どん』の脚本を手掛けた花《はな》登《と》筐《こばこ》原作の浪花商人を描いたドラマ『あかんたれ』（一九七六―七八、「あかんたれ」とは「駄目なやつ」「意気地なし」の意）など、関西を舞台とするドラマの流行などからも、「あかん」は代表的な〈**大阪弁・関西弁**〉の一つとして認識されるようになった。＊ドラマ あかんたれ（原作：花登筐）（一九七六―七八）「やっぱりお母さん、あかんて。家にいるのも許さんて」＊マンガ 花ざかりの君たちへ①（中条比紗也）（一九九七）「（中津秀一［大阪出身の高校生］）あかんッ あかん！ ええ若《わか》いモンが声《こえ》小《ちい》そーてどないすんねん」↓「ん」

［廣坂］

あそばす

遊ばす（動詞）

古くは「詩歌・管弦をする」という意の尊敬語であり、また広く「さまざまな物事をする」意を表す尊敬語としても用いられた。近世以降には動詞の後につづく「〜あそばす」の形で多く用いられるようになる。

▼近世になると、「〜あそばす」は、「（お）〜あそばせ」という命令形で使用されることが多くなり、女性の上品ぶった言葉づかいの代表的なものとして「あそばせ言葉（遊ばせ詞）」という名称が滑稽本の『浮世風呂』などに見られる。この「あそばせ言葉」は特に、町人の娘らが武家奉公に上がった際に学んで持ち帰り広まったものとされている。＊［滑稽本］**浮世風呂**（式亭三馬）（一八〇九―一三）「（町人の娘おさめ）**おしつけ御奉公にお上がり遊ばすと、夫こそ最う大和詞でお人柄におなり遊ばすだ。其時には私の旦那さまのやうに片はづしか、勝山にお髪をおあげさせ遊ばして、さぞお美しからう**」▼「あそばせ言葉」は、昭和初期まで、現実世界でも実際に用いられていたことが、一九五二年に文部省から出された『これからの敬語』に「おいおいにすたれる形であろう」と言及されていることからもわかる。文学作品では、明治・大正、昭和前期も含め、成人女性、とりわけ奥様と呼ばれるような

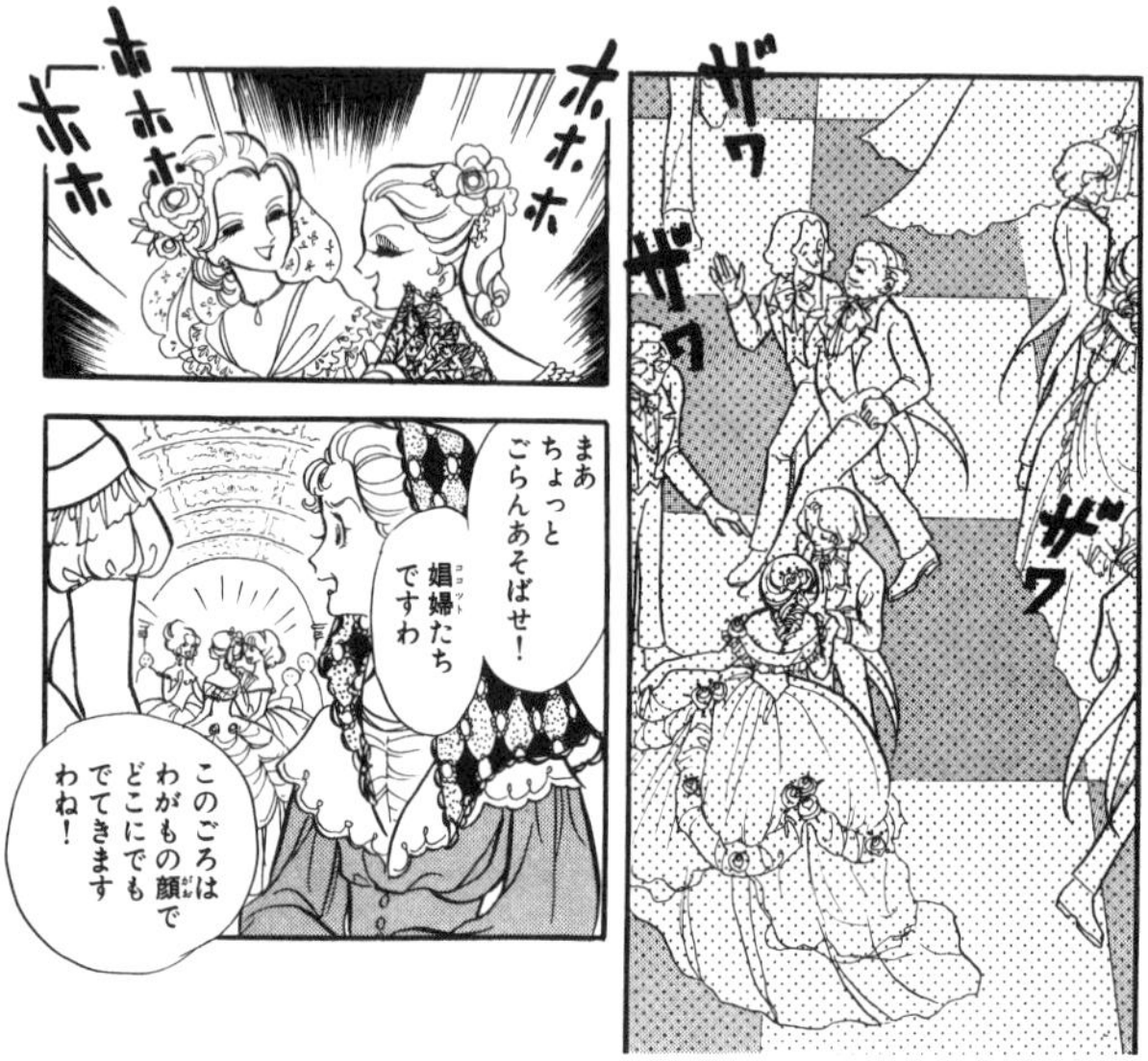

竹宮惠子『風と木の詩⑤』78頁
白泉社（白泉社文庫）、1995年
ⓒ竹宮惠子／白泉社

上流階級に属する女性が多く用いている**〈奥様ことば〉**。＊[小説] **金色夜叉**（尾崎紅葉）（一八九七—一九〇二）「（満枝）貴方、嘘をお吐きなさるなら、もう少し**物覚を善く遊ばせよ**」▼同時期、少女雑誌の読者投稿欄などで見られる「よくってよ」などの**〈女学生ことば〉**、後の**〈お嬢様ことば〉**にもつながる言葉の使用者である少女たちが「あそばせ」を用いる例は一部確認できる程度である。＊[小説] **桜貝**（吉屋信子）（一九三二）「（女学生）まあ、**そんな醜態お止し遊ばせよ！**」▼一九五〇年頃の少女マンガから、文末に「〜てよ」や「〜（だ）わ」を付ける「てよだわ言葉」や「**〜かしら**」とともに、お嬢様キャラクターを描く際に用いられるようになるが、観念的・戯画的なお嬢様を表す〈**お嬢様ことば**〉として、「ごめんあそばせ」や「御覧あそばせ」などの決まったフレーズでの使用が中心である。＊マンガ パーマン②（藤子・F・不二雄）（一九八五）「（おてんばな女の子パー子）ごめんあそばせ」＊マンガ 笑う大天使①（川原泉）（一九八七）「**俊介様**　夜中ですのよ　お静かにあそばして♡」↓「**わ**」

［藤本］

あたい

あたい　（代名詞）

主として女性が用いる一人称代名詞（〈**女ことば**〉）。男勝りな性格の女性や教養・知性・品位の低い女性の話し手を想起させる。「〜ちまう」（接続助詞「て」＋動詞「しまう」）、「〜すりゃ」（動詞「する」の已然形＋接続助詞「ば」）などのなまりや〈**男ことば**〉の終助詞「**さ**」などとともに用いられることが多い。江戸時代以降の女性がイメージされる。

▼もともとは東京下町、または花柳《かりゅう》界の芸者や芸者見習いの少女が用いる自称詞の一つであり、主に同等の相手と話す際に用いられた。文献には明治中期頃から見られる。当時は

「流行に敏感な若い世代の女性」を想起させる役割語でもあった。「あたい」が一般的な女性像から外れた位置にいる女性を担う言葉となったのは、「**わたくし**」のくだけた形として「わたし」「**あたし**」「あたい」があり、そのなかでも「あたい」は「わたくし」との違い（音変化の度合い）が最も大きいため、より俗語的な、下品な表現と位置づけられたことによる。＊エッセー **東京婦人の通用語**（竹内久一）（一九〇七）「アタイだの、否《いや》ヨだの云ふ言葉は、あれは元来芸妓屋《げいしやや》の言葉なんだ。（中略）其芸妓《そのげいしや》にしろ、アタイなんて云ふ言葉は、同輩の間に使つたもので、お客の前へ出ては勿論《むろん》、姉えさんに対しても、以前は決して使はなかつた。必らずアタシと言つたものである。又よくつてヨとか否ヨとか云ふ言葉は（中略）之《こ》れとても内輪の通用語で、他所行《よそゆ》き言葉ではなかつた」＊小説 **そめちがへ**（森鷗外）（一八九七）「（芸者の兼吉）何《なに》、人《ひと》を、そんなつひ通《とおり》の分疏《いいわけ》を聞くあたいだとお思ひか、帰るならお帰り」▼昭和に入る頃からは個人の中で使い分ける表現のバリエーションではなく、特定の人物像――「一般的な女性像」から外れる女性像（男勝り、すれっからし、非教養層など）――を反映する自称詞となっていく。フィクションの世界では、「わたし／あたし」を用いる人物（＝一般的な女性）と対照させて描かれることも多く、アンデルセン『雪の女王』の翻訳作品では追いはぎの娘に「あたい」を充て、町の娘に「あたし」を用いている。＊童話 **雪の女王・五**（原作：ハンス・クリスチャン・アンデルセン・訳：楠山正雄）（一九五〇）「（追いはぎの娘→町の娘）あたい、（中略）おまえをころさせやしないことよ。おまえはどこかの王女じゃなくて。」＊アニメ おねがいマイメロディ〜くるくるシャッフル！〜・第七話（原案：サンリオ、福嶋一芳・脚本：山田隆司）〔二〇〇六〕「（クロミ〔姉御肌のウサギ〕）あたい余計に腹が立っちまった！」

▼一九八〇年代の不良ブームに乗り、スカート丈の長いセーラー服を着用し、竹刀やメリケンサックなどの武器を手にした不良少女（スケバン）像が広まった。これは「あたい」が担う人物像として典型的なものとなっている**〈スケバン語〉**である。＊ドラマ 不良少女と呼ばれて・第四回（原作：原笙子）〔一九八四〕「（少年院の教務官→元スケバン）あたいではないでしょ？　汚い言葉を使うと心の中まで汚くなるんですよ（中略）わたしと言いなさい」＊マンガ バリハケン④（鈴木信也）〔二〇〇九〕「（スケバン集団メンバー→総長）アタイ達もできりゃ姉御《あねご》に手出しなんかしたくないんすよ」↓「て」「わ」

鈴木信也『バリハケン④』138頁
集英社（ジャンプコミックス）、2009年
©鈴木信也／集英社

〔依田〕

あたくし — 私 （代名詞）
⬇「わたくし」

あたし — あたし （代名詞）

男女ともに用いる一人称代名詞。「**わたくし**」が音変化してできたもの。明治時代から文献に現れる。「わたくし」が丁寧な表現であるのに対し、くだけた、俗語的な印象がある。

▼役割語としては、一般的な女性像を表す〈**女ことば**〉であり、特に活発、お転婆な女性を想起させる。女性としてふるまう人物が、年齢にかかわらず、広く用いる。同様の女性像を担う自称詞として他に「わたし」があるが、これに比べると「あたし」には堅苦しさのない、より自然体の女性像や、幼さ、生意気さがイメージされる。＊マンガ I Love You Baby ①（小森みっこ）〔二〇一四〕「（美玲〔中学一年生〕→弟）図書室で借りたの　あのねあたし…」▼明治・大正期の小説では、「あたし」を用いるのは、幼く、女性らしい落ち着きやつつましさがまだ身に付いていない少女や、お転婆で思ったことをなんでも口に出す活発な

若い女性が多い。＊小説 梅龍の話（小山内薫）〔一九一一〕「（芸者の梅龍）あたし、どきつとしてよ。あたしが穿《は》いて出た下駄に違ひないんですもの。（中略）あたしその小玉さんとか言ふ人にあやまつたわ。あたし、あやまるの大嫌ひだけども、泥坊つて言はれるのは厭《いや》だからあやまつたの。」▼その後、社会通念上の女性像にも変化が生じ、活動的な女性が一般的となった。現代では「あたし」は広く一般的な女性を表す言葉となっている。代わって、「あたし」の範囲から外れる女性像（男勝り、すれっからし、非教養層など）の自称詞には、よりくだけた形の「**あたい**」が用いられている。▼〈**おばあさん語**〉としても使用される。家庭の中で祖母の位置にある一般的な「おばあさん（おばあちゃん・おばあちゃま）」が用いる。係助詞「は」を伴って「あたしは」となるべきところが、なまって「あたしゃ」となることが特徴的である。▼妖術や拳法などの特殊な能力を持つ老女が「**わし**」と自称し、断定の助動詞「**じゃ**」など、西日本方言的な〈**老人語**〉を話すのに対し、一般的な「おばあさん」は「〜ちまう」、「〜なんざ」などのなまりや、断定の助動詞「だ」を使用するなど、江戸語・関東語的な言葉を話す。「わし」と自称する老女に怪しさや威厳・強さが想起されるのに対し、「あたし」と自称する「おばあさん」には、柔らかさややさしさといった女性性がイメージされる。＊マンガ ロマンチックあ・げ・る（一条ゆかり）〔一九八九〕「（藤間萩［祖母］→孫）グズグズ文句いう子はあたしゃきらいだよ」▼〈**江戸ことば**〉の一部として江戸の町人男性を表す。青年層からご隠居まで、主に大人が用いる。＊落語 寝床（古今亭志ん朝）〔二〇〇三〕「（旦那→使用人）もうあたしゃ寝るんだ。」＊マンガ 朱房の小天狗①（うしおそうじ）〔一九五五〕「（商人→岡っ引き）だってあたしがずーっといっしょについていましたからね」▼〈下町ことば〉の一部としても用いられる。東京の下町で生活を営む成人男性、あるいは東京落語の咄家を想起させる。＊映画 新・男はつらいよ（監督：小林俊一）〔一九七〇〕「（弁天屋〔下町の男性〕）いやあ、あたしゃねえ、あちらはまだ世が明けたばかりじゃないかと思いますがね」＊マンガ 昭和元禄落語心中①（雲田はるこ）〔二〇一一〕「（東京落語の咄家）コレね弟子ってぇかまあ 犬ッコロみてえなもんでアタシもうっかりしたもんです」▼同様に江戸・東京下町らしさを表す自称詞に「あっし」がある。「あっし」が職人や、渡世人などに用いられて威勢の良さを担うのに比べると、「あたし」には上品さや知性が感じられる。たとえば、映画『続・男はつらいよ』の中で、東京都葛飾区柴又の出身である渡世人の車寅次郎は、普段は「あっし」と自称するが、夜店でいんちきな占いを行う際には、観衆を信用させて儲けを得るために、「あたし」、あるいは「あたくし」を用いている。＊映画 続・男はつらいよ（監督：山田洋次）〔一九六九〕「（車寅次郎）あなただってその一つにすがりたいような悩みがあるから、あたしの話を聞いてるんだねえ。」

〔依田〕

あっし ― 私 （代名詞）

「わたし」から変化した、へりくだった一人称代名詞。**〈江戸ことば〉**の一人称としてしばしば用いられる。また、やくざなどの一般的な社会規範に属さない男性、いわゆるアウトローが用いることもある（**〈やくざことば〉**）。

▼「あっし」を用いるキャラクターは、粋・いなせ、男らしい、荒っぽい、人情派のような性格が多い。「わっち」「わっし」となることもある。＊[マンガ] 銀魂㉟（空知英秋）〔二〇一〇〕「（泥水次郎長）**お控えなすって。あっしは生まれも育ちも江戸はかぶき町**（中略）**名は大親分大侠客色々と呼ばれてきやしたが、今は全て捨てやした。椿平子が父、次郎長と申すものでござんす**」▼江戸っ子の中でも特に職人や岡っ引きのような下町の人間が用いる。＊[落語] **古典落語百華選・あた棒**〔一九八九〕「（大工の棟梁）**家主さん怒っちゃあ困るね、あっしはお前さんとこへ喧嘩をしに来たんじゃねえんで。**」▼「あっし」は、江戸時代に入ってから見られるようになるが、実際の使用数はあまり多くない。江戸時代を通して、「あっし」と類似の一人称である「わっち」「わっし」の使用の方が目立つ。＊[洒落本] **両国栞**《りょうごくのしおり》（丹波助之丞）〔一七七二〕「（船頭）**是からわつちと一ツ所ニ二三度あェんでみなさェ。とんだす**

こひ事をおめにかけやしよふ。どんな手ごわェじよでもわつちがぶちころしやす…今夜いつたらわつちしでェになつていなさェよ」▼大正、昭和初期になると、いわゆる「時代物」と呼ばれる小説や映画、講談などが多く見られるようになるが、それらの作品の中において、江戸っ子の使用する「あっし」が目立つようになる。＊[小説]釘抜藤吉捕物覚書《くぎぬきとうきちとりものおぼえがき》（林不忘）（一九二五）「背後に彦兵衛が立っていた。（中略）「親分。」と唸るように言った。「何だ？」「お寝間へお帰んなせえよ。徳撰の用はあっしが聞取りをやらかすとしよう。」」▼同時期、やくざ・仁侠などのアウトローの男性の自称詞として「あっし」や「わっし」という形が用いられている。やくざや仁侠の歴史は、江戸下町の博徒などと関係が深いため、これらの例は、江戸っ子の言葉の流れを汲むものとして位置づけられる。また、「あっし」、「わっし」を用いるやくざは、いわゆる「悪者」ではなく、主人公や弱者を助ける味方や善人のキャラクターである場合が多い。＊[小説]大菩薩峠（中里介山）（一九一三―四一）「（七兵衛[盗賊]）お内儀さん、お前さんはよく金々と言いなさる、さきほども大枚のお金をわっしに下すったが、その時も申し上げた通り、金が欲しくって上ったわけじゃござんせん」▼このようなやくざ・仁侠の特徴を持つ象徴的なキャラクターとして「股旅物」の主人公のやくざがある。「股旅物」とは一九二〇年代後半、長谷川伸の小説『沓掛《くつかけ》時次郎』に端を発する一連の時代小説に属する作品群である。「股旅物」の主人公のやくざは、三度笠、道中合羽を身につけている・孤独に旅をしている・博徒である・喧嘩や戦いに強い、といった特徴が見られ、「あっしは～でござんす」といった話し方をする。＊小説 **沓掛時次郎**（長谷川伸）（一九二八）「**あっしは旅にんでござんす。一宿一飯の恩があるので、怨みもつらみもねえお前さんに敵対する、信州沓掛の時次郎という下らねえ者でござんす**」▼この股旅物が映画化やドラマ化され大ヒットしたこともあり、この後股旅物に登場するキャラクターが確立される。たとえば、三度笠や道中合羽は、江戸時代の一般的な旅人のスタイルであったが、現代では股旅物のキャラクターに特化している。また、近年、股旅物のキャラクターはＮＨＫの音楽番組『みんなのうた』で放送された「北風小僧の寒太郎」（一九七四、作詞：井出隆夫・作曲：福田和禾子）のバックで流れる映像に登場した「寒太郎」のキャラクターのように、外見の装いや旅をするなどの特徴のみを残したものとなっている。▼さらに、やくざ・仁侠の言葉の一端として、やくざの子分やチンピラなど、下っ端のキャラクターの一人称に「あっし」が用いられることもある。このような下っ端のキャラクターは、他のメインの登場人物に対して「親分」「兄貴《アニキ》」「姐《ねえ》さん」「姉御」などと呼びかける、威勢だけはいい・よく失敗する、お調子者、などの特徴がある。善人とは限らないが、悪役であっても憎めないキャラクターであることが多い。＊マンガ **ONE PIECE⑤**（尾田栄一郎）（一九九八）「（ヨサク）**あっしはヨサク！　ゾロのアニキとはかつての賞金稼ぎの同志!!　どうぞお**

見知りおきを!!」（ヨサクは下っ端の賞金稼ぎ。主人公たちに情報提供をしたりする脇役。）

［岩田］

あほ

阿呆　（名詞）

知能が劣っているさまや、そのような人、行動を指す、〈**大阪弁・関西弁**〉で主に使用される表現である。また、人をののしる罵倒語としても使用される。元来「阿呆」は「あほう」と発音されていたが、現代では短く「あほ」と発音、表記される。

▼「あほ」が持つニュアンスは幅広く、強いののしりの言葉として使用されるだけでなく、相手の行為や発言に対して親しみや呆れの感情を込めつつ否定することにも使用される。

＊エッセー ***Colloquial Kansai Japanese*** ― まいど！　おおきに！　関西弁（D. C. Palter, Kaoru Slotsve）〔二〇〇五〕「なんでこの本の一番最初に、こんなアホな言葉入れたん？」「お前ら、アホやなあ。」「今度、あんたとこの嫁はんとデートさせてえや。」「何アホなこと言うてんねん！」「今度のボーナス30％カットやて！」「そんなアホな。会社何考えてんねん？」▼方言として「あほ」は関東の「馬鹿」としばしば対比される。関西でも馬鹿を使

わないわけではないが、「あほ」よりも、きついニュアンスとなることが多い。これは田辺聖子（一九八二）の指摘によれば、「東京人は、あほを直訳して、馬鹿とむすびつけるからである」という。一方、「大阪のあほ」は、親愛や呆れの感情を込めて、「あほ」「あほやなあ」「あほかいな」「あんた、あほちゃうか」などと使い。「そこには侮蔑や叱責や嘲弄、憫笑はない」といい、「だからこそ、大阪人は、無造作に頻発する。一呼吸ごとに使う」という。このような「あほ」が持つイメージについて、前田勇（一九七七）の指摘によると、類似の表現であり東京弁で使用される「馬鹿」に比べて、「あほ」は「人」ではなく「事」に向けられて感動詞的に使用されることに特徴があるという。また、牧村史陽（一九七九）によると、「双方とも愚鈍には違いないが、阿呆は、花曇りのようにぽうっと暖かい感じがあり、馬鹿は、夏の光線のように明快で、はっきりしている。（中略）大阪のアホは、それらとはどこかに違った間の抜けたところがあるようである」という。▼役割語としては、**〈大阪弁・関西弁〉**の代表的な言葉である。＊マンガ じゃりン子チエ②（はるき悦巳）（一九七九）「（チエ）「マサルええかげんにせんとウチおこるど」（マサル）「アホ！　オレはもうおまえなんかがおこってもこわないねんど。オレは今までのオレとちゃうねんど」」

［大田垣］

あら

あら（感動詞）

何かに驚いたり、感動したりした時に発する言葉。もっぱら**〈女ことば〉〈おネエことば〉**として用いられる。

▼現代のポピュラーカルチャーなどにおいて、女性の中でも特に上流階級や裕福な家庭のお嬢様・奥様が使用している例が見られる（**〈女ことば〉〈お嬢様ことば〉〈奥様ことば〉**）。＊[マンガ] **白鳥麗子でございます！④**（鈴木由美子）〔一九八九〕「（白鳥麗子［若い女性］）あらやだワザとじゃないのよぉ」＊[エッセー] **お嬢さまことば速修講座**（加藤ゑみ子）〔一九九五〕「あら、京子さまがおいでになったわ。」▼古くは「あな」という形であったが、中世以降に「あら」へと交替した。「あら」は、近世前期頃までは男女の別を問わず、驚きや感動などを表す表現を後に続ける形（「あら悲し」［『宇治拾遺物語』一二二一頃］）や、特に「あら」＋助詞「や」の形（「あら思はずや」［「ああ考えもしなかった」『平家物語』一三世紀前］）で多く使用されていた。近代以降には、このような形は見られなくなり、女性が用いる感動詞として一般的になる。＊[小説] **雪国**（川端康成）〔一九三七〕「あら。来ないわよ。なにしに来るの？」▼これらの源流は、近代に流行した**〈女学生ことば〉**にあると考えられ、同じく**〈女学生ことば〉**

として流行った、文末に「てよ」「だわ」を付ける「てよだわ言葉」とともに次のように使用されている。＊小説 吾輩は猫である（夏目漱石）（一九〇五―〇六）「（女学生の雪江）あらいやだ。よくってよ。知らないわ」▼なお、使用者はお嬢様・奥様に限られるのではなく、女性一般にも用いられている。＊小説 女社長に乾杯！（赤川次郎）（一九八二）「（OL竹野純子）あら、そんなに会社って平等にできてましたっけ？」

鈴木由美子
『白鳥麗子でございます！④』77頁
講談社（講談社コミックスミミ）、1989年
©鈴木由美子／講談社

［岡﨑］

ありますす

有ります・在ります（動詞）

ここでは、外国人の発話に現れる「ありますす」を取り上げる。文末に用いられ、存在、断定などを表す動詞。動詞・形容詞・助動詞の後に直接付いて助動詞のようにも用いられる。

▼主に、明治時代から太平洋戦争中にかけて外国人の役割語として用いられた〈**アリマスことば**〉。否定の文脈では「ありません」の形が用いられる。＊[マンガ] **あんみつ姫・日帰り五十三次**（倉金章介）〔一九四九―五五〕「（アメリカ人のカステラ夫人）**レディにたいしてぶれいあります**」▼現代の作品では終戦直後に見られる程度。丁寧語を伴わない動詞「～ある」が外国人の中でももっぱら中国人を担い、ときに西洋人の話す日本語にも用いられながら、現代まで残り続けているのと対象的である。▼幕末の横浜開港場で発生した〈**片言**〉に起源を持つと見られ、明治時代に現地で発行されていた『官許横浜毎日新聞』を見ると、巷で起こった出来事を小話風に報じる記事に、西洋人や黒人、中国人、また、彼らと話す日本人のせりふとしてたびたび登場する。＊[新聞] **官許横浜毎日新聞**〔一八七五年五月二四日〕「（田宮梅吉の女房おせい→中国人ヤヲーン）**おまへ那《ア》の子の財布取る有りましたろう早々返すよろしい**」→「**よろしい**」

〔依田〕

ありんす

有りんす

（連語）

「あります」の意で、遊女（花魁《おいらん》）の言葉のうち、最も代表的なもの（**〈遊女ことば〉**）。▼近世遊里《ゆうり》ではその周辺の一般社会とは異なった言葉である遊女語が用いられていた。遊女語を使用するのは、遊女・新造・禿《かむろ》・遣手《やりて》（遊女らを監視する女性）・芸妓などのほか、茶屋・船宿・妓楼の女たちもこれにならった。一種なまりの矯正であったと言われている。＊洒落本 **酔姿夢中**（采遊《さいゆふ》）（一七七九）「（女郎）**わっちより外にぬしの相かた衆はねへはづでありんす**」▼遊女語は、「廓《くるわ》言葉」「遊里語」「さとことば」「さとなまり」「ありんす言葉」などと称される。特に、江戸吉原の遊女語を「ありんす言葉」とするが、これは江戸時代には一般的ではなく、明治以後の使用とされる。「ありんす」が敬語であるように遊女語は、大部分が相手を敬う語であり、したがって遊女や芸妓も目下の者に対しては使用せず、客に対して用いる場合が多い。▼現代の

安野モヨコ『さくらん』212頁
講談社（イブニングKCDX）、2003年
ⓒ安野モヨコ／コルク

遊女を扱う作品では、〈**遊女ことば**〉としてこの「ありんす」が多用されている。＊マンガ JIN―仁―③（村上もとか）〔二〇〇三〕「今夜はあちきもお茶引きの身でありんす」＊マンガ 百人遊女③（坂辺周一）〔二〇〇六〕「ええ…それは嬉しう思うてありんす」

［岡﨑］

ある

有る・在る（動詞）

この項目では、中国人など外国人の〈**片言**〉あるいは〈**ピジン**〉的な発話の文末に現れる「ある」を扱う（〈**アルヨことば**〉）。▼使い方としては、文末の動詞終止形、動詞＋「た」、動詞＋「ない」、動詞＋「なかった」の後ろ、あるいは形容詞、形容詞＋「た」の後ろ、名詞・形容動詞語幹の後ろに「ある」を付けて用いる。質問文のときは「あるか」にする。また、「あるよ」「あるね」「あるな」など、終助詞がさらに後ろに付くことがある。＊マンガ のらくろ武勇談（田河水泡）〔一九三八〕「（豚軍）**猛犬軍は鉄条網を乗り越えて来たもうすぐここへ来るあるぞ**」▼この文型を用いる話者は、命令・依頼文に動詞終止形＋「よろし（い）」を用いることが多い。↓

「よろしい」▼中国人の発話としての初出は、一八七九年刊 *Exercises in the Yokohama Dialect*（横浜方言の練習）（改訂増補版）という一種のジョーク本に掲載されたNankinized-Nippon（南京なまり日本語）の項である。＊記録 ***Exercises in the Yokohama Dialect***（改訂増補版）〔一八七九〕**「アナタ500両アルナラバ　ワタクラクシ**（＝私）**拝借デキルアルカ**（原文は英単語風綴り）**」**▼幕末の横浜開港場で発生した片言に起源を持つと見られるが、当時は西洋人・中国人ともに「〜**あります**」という文末表現を用いる例の方が多く残っている。▼宮沢賢治の童話「山男の四月」（『注文の多い料理店』一九二四所収）にも「支那人」の発話として用例が出てくる。＊童話 **山男の四月**（宮沢賢治）〔一九二四〕**「これながいきの薬ある。のむよろしい」**▼戦前から戦後を通じて、中国人を表象する役割語の一部として多く用いられた。一九七〇年代くらいまでは、成人男性の怪しげな中国人の用例が多かったが、一九八〇年代から、チャイナ服を着たかわいい少女の用例が増えてきた。＊マンガ **Dr.スランプ⑩**（鳥山明）〔一九八二〕**「**（摘鶴燐《つんつるりん》）**わたち**

田河水泡『のらくろ武勇談』137頁
講談社、1969年（複製本）
©田河水泡／講談社

たちアラレちゃんのとなりきた摘《つん》一家ある」▼近年は比較的用例が少なくなったが、それでも国擬人化歴史コメディ・マンガ『Axis Powers ヘタリア』のように若い作家による作品にも現れてくる。＊[マンガ] Axis Powers ヘタリア②（日丸屋秀和）〔二〇〇八〕「（中国）**ツリー飾るの禁止されたある」**▼近年では、「ある」に変わって「**〜ね**」という表現が中国人の発話として徐々に用例を増している。

〔金水〕

あんた　貴方（代名詞）

二人称代名詞「あなた」の変化した形。

▼もとの形である「あなた」は、古くは話し手から遠くの方向を指すものであったが、一七世紀中頃になってから二人称代名詞としての例が見られるようになる。「あんた」自体は、近世期に上方（京都・大阪）の遊里《ゆうり》で用いられ始め、「あんさん」などとともに身分の高い人物に対して用いられていた。＊[洒落本] 皇都午睡《みやこのひるね》（西沢一鳳《いっぽう》）〔一八五〇〕「**あんた。江戸で云あなたなり。あがめいふ言葉也。**」▼しかし他の敬称と同じく、「あんた」も使われていく

うちに敬意が次第に低くなり、同等もしくはそれ以下の人物に対しての使用が主となる。敬意の低下した「あんた」は、「あなた」との対比的な関係から、現代の東京方言、特に下町言葉では卑語とも捉えられるが、関西方言では親しい間柄に用いられるのが一般的である。ただし一九七〇年代のマンガ『サザエさん』には、東京方言話者にも都知事選の話題で酒を酌み交わしながら「あんた」を用いる中年男性らの姿が見られる**〈男ことば〉〈おじさん語〉**。＊[マンガ]サザエさん㊷（長谷川町子）〔一九九四〕「「アンタどっちが勝つとおもう？」「**そうさなァ…こんとこ予想つかなくなったヨ！**」」▼また同時期には、酒場で働く女性たちのせりふで綴られる歌謡曲『港のヨーコ・ヨコハマ・ヨコスカ』（作詞：阿木燿子・作曲：宇崎竜童・唄：ダウン・タウン・ブギウギ・バンド、一九七五）の曲中の「あんたあの娘《こ》のなんなのさ」というせりふも流行した。▼性別にかかわらず使用される「あんた」は、関西出身、下町育ちといったさまざまな話者の属性にうかがえる**〈大阪弁・関西弁〉〈下町ことば〉**。これらの人物の描かれ方に共通するのは、充分に親しい相手でなくても「あんた」を用いて呼ぶことであり、人との距離の取り方はなれなれしく、厚かましい態度とも言える。このような態度を持つ代表的なキャラクターは、関西の豪快かつ遠慮を知らない中年女性のことを描いて一世を風靡した堀田かつひこのマンガ『オバタリアン』にも登場した。＊[流行歌]**悲しい色やね**（作詞：康珍化・唄：上田正樹）〔一九八二〕「**Hold me tight あんたあ**

たしのたったひとつの青春やった」＊［マンガ］オバタリアン①（堀田かつひこ）〔一九八八〕「（電器屋に電話で修理をたのむ）あんたんとこで買ったそうじ機が吸いこまなくなったわよーっ!!」

▼また、妻が夫に対して用いる一般的な呼称として「あなた」に加え、「あんた」を用いる例もある（**〈女ことば〉**）。＊［小説］棺桶の花嫁（海野十三）〔一九三七〕「ねェ、黙ってないで、お返事をなさいってば。——あんた怒っているの」＊［マンガ］じゃりン子チエ⑧（はるき悦巳）〔一九八二〕「（丁寧に話す設定のチエの母→夫テツ）あんた今でも防空壕に行くことあるんですか」▼近年のマンガや小説では、子供や若い女性の「あんた」を使用する例が見られる。その場合、生意気であったり、気の強さであったりという使用者の性格を表すことが多い（**〈若者ことば〉**）。＊［マンガ］らんま1／2①（高橋留美子）〔一九八七—九六〕「（茜［気の強い若い女性］）あんたのせいよ。」

〔藤本〕

いたす——致す（動詞）

「する」の丁寧語（丁重語）。「します」に相当する。

▼「存ずる」「参る」「申す」とともに用いられて、日本の**〈武士ことば〉**、あるいは武士に似たキャラクターの役割語の一部として用いられる。＊小説 太閤と曽呂利（野花散人）（一九一二）「**ナニおどけ話しをいたすとか……フムそれなれば許す、面白くいたせ**」▼歴史的には室町時代後期の京都の言葉で、特に武士に限定された用語ではなく、貴賤男女を問わず用いられた。今日も演じられる狂言にその痕跡を残すほか、一六世紀末から一七世紀初頭のキリシタン資料にも用例が見られる。

［金水］

うち ― 内 （代名詞）

関西弁で一人称を表す代名詞として、女性に多く用いられる。「うちのおっ母さん」や「うちの人」のように、本来は自分の「家（うち）」という概念から「うちも行くわ」「うちにも見せて」のように、広く一人称も指すようになったと考えられる。

▼**〈大阪弁・関西弁〉**の女性、特に若い女性の使用に限られる。たとえば、関西を舞台にしたマンガ『じゃりン子チエ』で主人公チエは一人称に基本的に「ウチ」を使い、「ウチ

はるき悦巳『じゃりン子チエ①』125頁
双葉社（アクション・コミックス）、1979年
Ⓒはるき悦巳・家内工業舎／双葉社

は日本一、〇〇な少女や」という口癖もあるほどだが、彼女の祖母は関西弁を使うものの、「うち」の使用は見られない。また、大阪を中心に活動した音曲漫才トリオ「かしまし娘」（一九五六年結成）のテーマソングには「ウチら陽気なかしまし娘」という歌詞があった。＊[マンガ]じゃりン子チエ⑥（はるき悦巳）（一九八〇）「（チエ）ウチ小学生やゆうの忘れてるんとちゃうか」＊[マンガ]名探偵コナン⑺（青山剛昌）（二〇一三）「（大阪出身の和葉）ほんならコナン君、うちらの部屋で寝たらええんちゃう？」▼一九九〇年代後半には、**〈ギャル語〉**の一人称の一つとしても用いられた。＊[マンガ]GALS!①（藤井みほな）（一九九九）「（渋谷のギャル）うちらが最初にチェキったんだからここはうちらのナワバリなんだよ!!」▼二人称代名詞「あんた」と対応して用いられることも多い。＊[小説]毬子《まりこ》（吉屋信子）（一九三六）「（千代丸［旅芸人親子の娘］→毬子）では、今晩から、うちと仲よくして暮すのや、あんた、名はなんていやはるの？」＊[マンガ]サザエさん㊷（長谷川町子）（一九九四）

「〔テレビに登場した芸人〕アンタかてアホやろ　ウチかてアホや」

［藤本］

うらめしや

恨めしや・怨めしや　〔連語〕

残念さや嘆きを表現する「うらめしい」に、詠嘆などを表す終助詞「や」が付いてできた言葉。相手の心や言動が期待に反したり、望ましくない事態となったのを、自力でどうにもできない場合に抱く気持ちを表す。

▼現代のフィクションの世界では、多くは幼児向けやシリアスでない怪談に登場する**〈幽霊ことば〉**として、幽霊登場の際の一種のあいさつ言葉のように使用される。＊マンガ 幽☆遊☆白書①〔冨樫義博〕〔一九九〇―九四〕「「けけけ」「だれだ　イタズラはやめろ」「うーらーめーしや〜〜」「ジュンコか!?　ヒロミか!?　わかったカズミだな　ちがうんだ　話を聞いてくれ　アキコ!!」「あんた一体なんん人の女だまくらかしてんのよ!!」」＊絵本 おばけのなつまつり〔山本和子〕〔二〇〇三〕「「あのね、うらめしやっておばけのこんばんはなの」「なあんだ、わるいおばけじゃなさそうだね」」▼前述の「うらめしや」は、幽霊のステレオタイ

プを前提とした使われ方である。「うらめしや」を言いそうな幽霊には一定の型があり、ビジュアル的には次のような特徴の多くを有する。二〇〜五〇代くらいの女性、白装束・額に付けた三角形の白い布、乱れた長髪、足がない、まぶたがただれたり出血したりしている、両手を前に出して手首から先をぶらりと下げている、柳の木の下にいる、近くに火の玉が飛んでいるなど。また音響的には「ヒュードロドロ」という登場音が幽霊のオノマトペ（擬音語・擬態語）として固定化している。▼このような型が流布・定着したのは一九世紀（江戸時代後期）のことである。一八二五年、鶴屋南北《つるやなんぼく》によって発表された『東海道四谷怪談』は、翌年アレンジを加えて歌舞伎『いろは仮名四谷怪談』として上演された。その際のヒロイン「お岩」の幽霊の姿が大衆の間に典型的な幽霊のイメージとして定着し、「お岩」の無念さや嘆きを表現する「うらめしや」という言葉は、歌舞伎で使用される効果音ヒュードロドロとともにステレオタイプとなったと考えられる。＊歌舞伎 いろは仮名四谷怪談（原作：鶴屋南北）〔一八二六〕「チエエうらめしや伊藤親子、妬ましや伊右衛門殿、人に恨みがあるものか無いものか、檜木山の火は檜木より生ずると、われも焦がるる胸の火焔、思ひ知らさん待つてゐよや。」▼現代にあっても「四谷怪談」をもとにした作品や時代物の怪談には、本来の意味に近い「うらめしや」が使用される。＊映画 東海道四谷怪談（監督：中川信夫）〔一九五九〕「坊や、坊や…恨めしや伊右衛門殿、何の罪咎もないこの私…ようもようもこんなむごたらしい目に…」＊[小説]嗤う伊右衛門（京極夏彦）〔一九九七〕「伊右衛門殿。伊右衛門殿。恨めしや伊右衛門殿。髪を振り乱し、衣をはだけて、岩は駆ける。何処までも駆ける。」▼一八世紀（江戸時代後期）には、後にステレオタイプ化する「お岩」像を生み出す素地があった。鳥山石燕《とりやませきえん》（一七一四？―八八）『画図百鬼夜行』（一七七六）に見られる「幽霊」や、円山応挙《まるやまおうきょ》（一七三三―九五）の描いた幽霊画は、すでに幽霊のステレオタイプの持つ特徴の多くを有している。また近世に入って多くの怪談が著され、庶民の間には絵入り小説である草双紙なども広まり、幽霊のステレオタイプの定着に一役買った。＊[読本]諸国百物語〔一六七七〕「（前妻の霊）あらなさけなや。いぜんそれがしがまいりたること夫にかたり給ふなと申せしに、はやくもかたり給ふこと、かへすがへすもうらめしや」＊[読本]列国怪談聞書帖《ききがきぞうし》（十返舎一九《じっぺんしゃいっく》）〔一八〇二〕「（ろくろ首）恨めしや。君に欺れて、澗下《かんか》に迷行ことの悲しさよ。君盟約の詞を忘れ給はずば、倶に呵責を受給へ」▼江戸後期怪談ブームの中、まだ歌舞伎鑑賞が一般庶民の身近な娯楽であった時代に、舞台上でリアルに演じられた傑作「お岩」物は、庶民に強烈なインパクトを与えた。当時大量生産された双六やカルタにも「お岩」をモデルとした画像が使用され、子供たちにも「お岩」の姿は受け継がれていった。歌舞伎の入場料が高額になると、庶民の間には寄席が流行したが、そこではすでに現代の作品に見られる、幽霊のステレオタイプを前提としたあいさつ言葉タイプの「うらめしや」が使われている。＊落語 幽霊と気違ひ（二代目三遊亭円朝）〔一八九六〕「甲「落語家。夫は木偶だんべエ。木偶なら恐怖くねエぞ」木偶だと言われますから、酒橋が、酒「恨めしや、恨みを晴らさでおくべきか」」

〔廣坂〕〈参考：伊藤啓 二〇〇五〉

えらい

偉い （形容詞・副詞）

「有名な」「偉大である」という意で用いられる形容詞。転じて、「大変だ」「つらい」の意味を表したり、程度がはなはだしいことを表す副詞としても用いられる。

▼近世末には、「偉い」という漢字が当てられる、現在の「地位・身分が高い」という意味が一般的になり、「大変な」「辛い」という意は上方、特に大阪（大坂）での使用がほとんどとなった。これは、一八五〇年代にすでに方言の一つとして紹介されていることからもわかる。＊洒落本 皇都午睡《みやこのひるね》（西沢一鳳《いっぽう》）〔一八五〇〕「京と大坂と一夜の船の隔あるにさへ大坂の温《ぬく》ひは京で暖ひ京のきついハ大坂のゑらい大坂の大きい京でいつかい大坂でどゑらひハ京で仰山」▼「えらい」は、助動詞「〜や」や補助動詞「〜はる」など他の関西弁とあわせて

用いられることによって、**〈大阪弁・関西弁〉**のイメージを強めている。＊［小説］ここだけの女の話・巴里の泣き黒子（田辺聖子）（一九七五）「えらいけっこうやな、わたしら、いっぺん人の金でのほほんと、旅行してみたいわ」＊［マンガ］じゃりン子チエ⑥（はるき悦巳）（一九八〇）「そおゆうたらチエえらい気のきいたことしましたなあ」▼「えらい」に強調の接頭語「ど」の付いた「どえらい」は「どえりゃー」という音変化を伴って**〈名古屋弁〉**として用いられることも多いが、もとはこれも大阪弁として用いられたものである。＊［滑稽本］東海道中膝栗毛（十返舎一九《じっぺんしゃいっく》）（一八〇二―一四）「此大坂ものゝつれと見へて、二三人かけ来り「……そんなことより、こちやどゑらいめにあふたわいの。」」

［藤本］

おいでやす

御出でやす（感動詞）

来客に対して用いるあいさつの言葉。「よくいらっしゃいました」。特に、**〈大阪弁・関西弁〉〈京ことば〉**の典型的なあいさつ言葉として用いられる。

▼「出ること」の尊敬語「おいで」が転じて「来ること」の尊敬語となったものに、軽い

あぶらとり紙
『おいでやす　あぶらとり紙』のパッケージ

敬意や親愛、丁寧の意を表す助動詞「やす」（「あります」→「やります」→「やんす」→「やす」）が組み合わさったもの。＊エッセー 大内旅宿《おおうちりょしゅく》（高浜虚子）（一九〇七）**「若い番頭が「おいでやす」と敷台に前膝を突く」**▼大阪商人の間には昔から「おいでやす、ごめんやすには蔵が建つ」という言葉がある。客が「ごめんやす（ごめんください）」という前に、「おいでやす（いらっしゃいませ）」と迎える姿勢が大切だという意味。「いらっしゃい」という言葉が大阪へ入り込んだのは大正中期以降のことである。▼江戸時代から「天下の台所」と呼ばれ、商業の地として発展してきた大阪であるが、その大阪の地で、一九五九年、毎日放送でテレビ放送が開始されて間もなく始まった、花登筐《はなとこばこ》脚本の大阪商家を舞台にしたコメディドラマ『番頭はんと丁稚どん』はすぐに大人気となった。三ヶ月後には関東地区でも放送され、後に新シリーズや映画シリーズも作られた伝説的番組である。そのオープニングが、三人の丁稚どんの「おいでやす」のあいさつであった。＊映画 番頭はんと丁稚どん（脚本：花登筐）（一九六〇）「（雁七）**「御免やす」**（崑松）**「おいない」**（雁七）**「お前、何べん教えたら分るのや。もつと腰ひくうして、へえ、おいでやすーと丁寧に云うんや、丁寧にーもう一ぺん行くでー」**と、また入口から出直し、（雁七）**「御免やす」**（崑松）**「へえ、おいでや**

す」」▼同様のあいさつ言葉「おこしやす」と「おいでやす」を比べると、「おこしやす」の方がいくぶん改まった丁寧な言い方である。京都では、一見《いちげん》さんには「おいでやす」、常連さんには「おこしやす」を使うという説がある。「おこしやす」の方が丁寧で歓迎の意が大きいので、「おこしやす」と迎えられたら長居してもよいと言われている。＊マンガ 紅《くれなゐ》匂ふ②（大和和紀）〔二〇〇五〕「「いや～竜吾はん　またおいでくれはって　もう　毎晩毎晩おおきに～」」「「竜吾はんおこしやす」「おいでやす」」

〔廣坂〕〈参考：堀井令以知　一九九五／牧村史陽　二〇〇四〉

おいどん

吾共 〔代名詞〕

もともとは九州方言で用いられる一人称代名詞。▼ポピュラーカルチャーの世界では、「**ごわす**」などとともに使われると、大柄でがっしりとして、見かけはいかついが根はやさしいという〈**九州弁**〉の話者、特に鹿児島県（薩摩）出身のキャラクターを強く連想させる。「おいどん」を使うキャラクターの外見的特徴、特に鹿児島出身者を強くイメージさせるという特徴は、おそらく、幕末の志士で薩摩出身の

大山昇太
松本零士『男おいどん②』306頁
講談社（講談社漫画文庫）、1996年
©松本零士

西郷隆盛のイメージと強く結びついていると考えられる。▼**〈九州弁〉**としての「おいどん」の使用として早いものに、久生十蘭《ひさおじゅうらん》『顎十郎《あごじゅうろう》捕物帖』（一九四〇）の主人公の相棒「とど助（雷《いかずち》土々呂進《とどろしん》）」のせりふがある。とど助は九州の浪人くずれで、「身の丈五尺九寸もある大入道の大眼玉。容貌いたって魁偉」と設定されている。＊小説 **顎十郎捕物帖**（久生十蘭）（一九四〇）「**ようごわす、やっつけましょう。おいどんもちっと胸糞が悪るうになって来ましたけん**」▼「おいどん」を一人称に使うキャラクターとして有名なのは、松本零士のマンガ『男おいどん』（一九七一―七三）の主人公大山昇太《のぼった》である。大山昇太は、「おいどん」を使用するキャラクターとしては例外的に、見かけは小柄で（貧乏ゆえに）軟弱であるが、「男らしさ」「男の誇り」を強く意識する典型的な九州男児の性格を持っている。ただし、大山昇太の使う九州弁は、特殊なものであり、特定の地域を想定した方言とはなっていない。＊マンガ **男おいどん・第二集**（松本零士）（一九七一―七三）「**男はクヤシサちゅうエサを食ってさらに男らしくなると誰かが書いとった。おいどんもそう思うばい。**」▼また、力士のキャラクターがまれに一人称として「おいどん」を用いることがある（**〈相撲取りことば〉**）。＊

小説 右門捕物帖（佐々木味津三）〔一九二九〕「突然江戸錦がぷいと立ち上がって、にたり微笑を漏らすと、「おいどんが負けでごんす」…」 ［岩田］

おいら ― 俺等（代名詞）

「おれ＋ら」から転じた一人称代名詞。

▼江戸時代、一八世紀初頭から用例が見える。〈**江戸ことば**〉の用例が多いが、上方での用例もある。もっぱら男性が使用したが、町人の女性の使用もあった。＊滑稽本 **浮世風呂・前上**（式亭三馬）〔一八〇九―一三〕「おいらも弱虫じゃアねへよ」▼「おいら」の使用者は「**おれ**」の使用者に近い（男性性の強い、幼児・老人以外の男性）が、「おれ」よりも子どもっぽさを、また時には不良っぽさを感じさせる〈**男ことば**〉。＊小説 カイロ団長（宮沢賢治）〔一九三三まで〕「（あまがえる）**ほんとうにねい。おいら、お酒をなぜあんなにのんだろうなあ**」▼ロックンロールの歌詞には「おいら」がよく使われる傾向がある。＊流行歌 雨あがりの夜空に（作詞・唄：忌野清志郎）〔一九八〇〕「**この雨にやられて　エンジンいかれちまった　俺らのぽん**

こつ　とうとうつぶれちまった」

［金水］

おお

応　O (Oh)　（感動詞）

何かに気づいたり、応答したり、感動を表したりするときに用いる。「お」「おっ」「おう」と表記されることもある。古くは日本書紀などに見られ、平家物語や狂言などでの使用を経て、現代では武士や男性をイメージさせる言葉となっている。

▼古めかしさや威厳、落ち着きを感じさせる**〈武士ことば〉**として用いられ、発音する場合は下降調のイントネーションになる。人称代名詞「**せっしゃ**（**拙者**）」や断定の助動詞「**じゃ**」などとあわせて用いられる。＊[小説]鞍馬天狗《くらまてんぐ》・角兵衛獅子《かくべえじし》（大佛次郎《おさらぎじろう》）〔一九二七―二八〕「**おお、なるほど、どこかで見たことのある少年じゃと思うたが、昨夜の角兵衛獅子か**」＊[マンガ]大奥①（よしながふみ）〔二〇〇五〕「**お　これは失礼**（中略）**拙者　杉下と申す**」

▼**〈男ことば〉**としても用いられ、子供から大人まで、男性としてふるまう人物が使用する。同様の感動詞「ああ」や「うわあ」に比べ、雄々しさが感じられる。＊[マンガ]キャプ

テン翼①（高橋陽一）（一九八二）「（石崎と翼の二人）（岬太郎のボールさばきの上手さに驚いて）おおっ」＊マンガ 百年の祭り①（たかもちげん）（一九九二）「（後援会の重臣→立候補予定者）（立候補予定者の決意を聞いて）おお　それでこそわしらの若様じゃ」▼明るく陽気な外国人（特に英語話者・西洋人）であることを表す感動詞としても用いられる（〈片言〉）。「オー」、「OH」と表記されることが多い。子供から大人まで、男女の別なく、用いられる。「気づき」や「応答」、「感動」の用法のほかに、「おお＋人名」の形で、聞き手の有無にかかわらず、誰かに自分の思い（好意や悔恨の念など）を投げかけるという、もともと日本語にはない用法も持つ。初出は明治時代で、西洋からもたらされた劇などの“O（Oh）”を訳したことが始まりと考えられる。＊脚本 露妙樹利戯曲《ろみょうじゅりいげきょく》

高橋陽一『キャプテン翼①』317頁
集英社（集英社文庫―コミック版）、1997年
©高橋陽一／集英社

二ノ宮知子『のだめカンタービレ②』98頁
講談社（講談社コミックスキス）、2002年
©二ノ宮知子／講談社

春情《しゅんじょう》浮世《うきよ》之《の》夢《ゆめ》（原作：シェークスピア・訳：河島敬蔵）〔一八八六〕「**ヲヽロミヨー様ロミヨー様何故御身はロミヨー様と御名を附けられたか**」▼翻訳作品以外では、一九三〇年代頃から、「OH」、あるいはカタカナ書きで「オー」と表記した例が見られる。以後、陽気な外国人を想起させる表現としてマンガやドラマなどのさまざまな作品で用いられている。＊マンガ **のだめカンタービレ②**〔二ノ宮知子〕〔二〇〇二〕「（ドイツ人指揮者のフランツ・フォン・シュトレーゼマン）**オ〜〜〜！ アナタはさっきのファンタスティックガール！**」

［依田］

おおきに ―― 大きに （感動詞）

「おおきに」が「非常に、大変、まことに」などを意味する副詞として使用される「おおきにおかたじけ」「おおきにありがとう」などを略した形式と考えられ、お礼の言葉として用いられる。

▼北は北海道から南は鹿児島まで広く使用報告があるが、役割語としては**〈大阪弁・関西弁〉〈京ことば〉**として認識されている。実態としては現在では関西でもほとんど聞かれなくなってきており、若年・中年層は「ありがとう」を使うことが多い。商売上のあいさつとして「毎度おおきに」のように固定化して用いられることはある。文学作品などに見え始めるのは意外に新しく、一九〇〇年代に入ってからである。＊[小説] **風流懺法《せんぽう》・一力**（高浜虚子）〔一九〇七〕「**「玉喜久はんあげます」「姉はんおほきに」**」＊[小説] **彼岸過迄・松本の話一〇**（夏目漱石）〔一九一二〕「**椅子に腰を掛けた御婆さんは頭を撫でて「大《オホ》きに」と礼を述べました**」▼役割語としては関西人キャラクターに使用される。＊[映画] **番頭はんと丁稚どん**（脚本：花《はな》登《と》筐《こばこ》）〔一九六〇〕「（御寮はん）「**崑松、御隠居はんな、お前の代りに薬送ってくれはったんやで。お礼云いなさい**」（崑松）「**え、御隠居はんが？ 大きにー大きにー**」」＊

はるき悦巳『じゃりン子チエ①』128頁
双葉社（アクション・コミックス）
Ⓒはるき悦巳・家内工業舎／双葉社

マンガ **じゃりン子チエ①**（はるき悦巳）（一九七九）「（おばあはん）「**チエ　待っとったでえ　さあ食べよ**」（チエ）「**おおきに**」（チエ）「**おばあはん　おいしいわ**」（おばあはん）「**そうか　おおきに**」」▼京都の舞妓さんの言葉としても認識されている。実際、京都伝統伎芸振興財団（花街と伝統芸能の保存継承を行う）は「おおきに財団」を名乗っている。西尾久美子（二〇〇九）によれば、舞妓さんの最も大切な三つの言葉は「おおきに」「すんまへん」「おたのもうします」である。＊マンガ 紅《くれなひ》匂ふ③（大和和紀）（二〇〇六）「（舞妓の咲也）**ほな　おかあさん　おおきに！　また呼んどくれやす　さいなら**」▼京都では、誘いに対する返事が「おおきに」だけで日時など具体的な話につながらない場合、それは断られたことになると言われる。遠回しに帰宅をうながす有名な「ぶぶ漬けでもどうどす？」の問いかけ同様、相手を不快にさせないための心遣いが、かえって曖昧でわかりにくいと解釈される例である。↓「**あかん**」「**おいでやす**」

［廣坂］

おじゃる

お出やる

（動詞）

「おいである」の転で、もともと「居る」「ある」「来る」「行く」などの尊敬語、「〜である」の丁寧語として中世から近世にかけて用いられていた。

アニメ『おじゃる丸』Ⓒ犬丸りん・NHK・NEP
SBアニメコミックス『おじゃる丸①』36頁
ソフトバンクパブリッシング、1999年

▼現代においては、（平安時代の）公家をイメージさせるキャラクターの言葉として用いられる〈**公家ことば**〉。〈**公家ことば**〉を使用するキャラクターは、尊大・おっとり・道化的といった特徴を持ち、殿上眉《てんじょうまゆ》を描き、烏帽子《えぼし》・狩衣《かりぎぬ》を身につけるといった平安時代の公家の外見を持つ場合が多い。「おじゃる」は、特に丁寧語を使用しなくてもよいような場面でも用いられる。たとえば、アニメ『おじゃる丸』の主人公おじゃる丸は、ほぼすべての人に対して「〜（で）おじゃる」を使用する。次はおじゃる丸から友達の小町ちゃんに向けた発話である。＊[アニメ] **おじゃる丸・第一三話**（原

案：犬丸りん〔一九九九〕「**マロの屋敷には、お付きの者が五〇人もおじゃる。**」▼さらに、通常「〜（で）ある」が使用されない場面でも「おじゃる」が使われ、キャラ語尾（キャラクターを特徴づけるために用いられる文末表現）のように用いられる。＊アニメ **それいけ！アンパンマン・第五八話**（原作：やなせたかし）〔一九九九〕「（ちゃわんむしまろ）**それでは皆の衆、まろはこれにて帰るでおじゃる。**」▼中世以降に見られるようになる「おじゃる」であるが、江戸時代になると、「上方語」として武士や僧侶、年配の町人など「知識階層」という特定の位相にしか用いられなくなる。たとえば、次は『容競《すがたくらべ》出《で》入湊《いりのみなと》』に登場する黒船忠右衛門の老母妙閑のせりふである。＊歌舞伎 **容競出入湊**（並木丈輔）〔一七四八〕「**異見しそふな老の身で、出入り喧嘩をすゝむるも、男作を子に持た、親の因果でおじゃるは**」▼明治に下り、山田美妙の小説『武蔵野』では、「慶長頃の俗語に足利頃の俗語とを交ぜたもの」という注意書きをした上で、武士と妻、老母が「おじゃる」を用いている。また、昭和初期の佐々木味津三の小説『旗本退屈男』では、老神主のせりふとして使われている。＊小説 **武蔵野**（山田美妙）〔一八八七〕「（若武者の世良田三郎）**そうじゃ。むごいありさまでおじゃるわ。あの先年の大合戦の跡でおじゃろうが、跡を取り収める人もなくて……**」＊小説 **旗本退屈男**（佐々木味津三）〔一九三一〕「**当節珍らしい逸品でおじゃるな**」「**大気に入りじゃ。御身分柄は何でおじゃる**」▼以上のように、小説や演劇の世界においては、昭和初期頃まで江戸時代以降の「武士や老人などの知識階層」という位相が受け継がれている。当時「おじゃる」は特に「公家」を強くイメージさせる言葉ではなかったと考えることができる。▼公家と「おじゃる」が結びついた作品として最も早く確認できるのは一九七八年公開の映画『柳生一族の陰謀』である。時代劇においては、この映画の中で「三条大納言実条」を演じた梅《うめ》津《づ》栄《さかえ》氏が、公家の言葉として「〜おじゃる」を考え出したと言われている。（ネット上では、梅津栄氏自身が「徹子の部屋」（テレビ朝日）に出演した時そのように語ったとされているが、未確認）＊

映画 **柳生一族の陰謀**（監督：深作欣二）（一九七八）「（三条大納言実条）**……ようやくにしてその成果があらわれておじゃります。思えば武家に天下の大権を簒奪されて以来屈辱と隠忍の長い毎日でおじゃりました。**」▼また、「おじゃる」を用いるキャラクターとしては、ドラマ『水戸黄門』に出てくる公家の「一条三位」も有名である。＊ドラマ **水戸黄門・第一八部**（原作：葉村彰子）（一九八八―八九）「**麻呂は恐れ多くも帝より三位の位を賜り中納言を務めた身じゃ。すなわち帝の臣であって、徳川の家来ではおじゃらん！……きっと公儀にかけおうてくれるゆえ心しておじゃれ！**」▼同じ放送回には、水戸光圀側の公家として菊亭左大臣も登場するが、左大臣はこのようなしゃべり方をしない。公家は、時代劇などではしばしば、武家の対立項として、尊大だったり滑稽だったり、悪役や道化師のような役回りとなる。これらの時代劇では、「おじゃる」がそのようなキャラクターとしての公家を作るための役割語として用いられていると考えられる。

［岩田］

おす ―― おす（動詞）

「ある」の丁寧語（丁重語）に相当する。「ございます」。▼**〈京ことば〉**の一つ。**〈舞妓ことば〉**としてよく用いられる。＊［小説］青春の逆説（織田作之助）〔一九四六〕「（日本畳新聞の社長の妻君〔京都なまりでしゃべる〕）そらまあ、よろしおすけど、未だに市場行きの金かてわてに自由にさせてくれはらしまへんのどっせ」▼歴史的には「ございます」が変化した形。「**おます**」「**ごわす**」「**ごんす**」などと同起源。一八世紀末ぐらいから用例が見える。＊［洒落本］自惚鏡《うぬぼれ》〔一七八九〕「（牽頭《たいこ》医者）おや主《ぬ》しゃあ。しろいほくろがおすよ」▼名詞＋「で」に「おす」が付加されて「～どす」が生じる。＊［映画］舞妓Haaaan!!!（脚本：宮藤官九郎）〔二〇〇七〕「（舞妓ファンの鬼塚君彦）（本物の舞妓を見て）もうお人形さんみたいどすわあ」

［金水］

おたく

お宅

（名詞・代名詞）

マンガ・アニメなどのポピュラーカルチャーへの愛着を公言してはばからない人々を一般的に指し示す言葉。

▼歴史的に見た場合、「おたく（お宅）」とはもともと相手や第三者の「住居」を敬って言う名詞であった。＊小説 **当世書生気質・四**（坪内逍遙《しょうよう》）〈一八八五—八六〉「**かあいさうな子じゃアありませんか。お宅までつれていっておやんなさいな**」▼そこから転じて相手や第三者の「家庭」を意味するようになった。＊小説 **竹の木戸・上**（国木田独歩）〈一九〇八〉「**それに御宅は御人数も多いんだから入用《いる》ことも入用サね**」▼また、「おたく」という名詞は、二人称代名詞として、あまり親しくない相手に軽い敬意や不快感を込めて呼びかける表現として使用されるようになった。＊小説 **いつか汽笛を鳴らして・三**（畑山博）〈一九七二〉「**おれたちみんな一人ずつ嫌味を言われたんだから。おたくだけなんだからな、言われてないのは**」

▼さらに、コミックマーケットにおいてお互いを「おたく」と呼び合っているマンガやアニメを愛好する独特の雰囲気を持った人々に対して、評論家の中森明夫が『漫画ブリッコ』（一九八三年六月号）誌上において「おたく」と呼ぶことを提唱したことから「おたく」

の新たな用法が生まれた。▼社会的・文化的なステレオタイプと役割語の観点から「おたく」という言葉を見た場合、「おたく」という言葉そのものを使用することで想起されるステレオタイプと、ステレオタイプの一カテゴリーとしての「おたく・オタク」を区別して捉える必要がある。「おたく」という言葉そのものを使用するキャラクターについては省略する。カテゴリーとしての「おたく」の定義はさまざまであるが（岡田斗司夫 二〇〇八／斎藤環 二〇〇〇／東浩紀 二〇〇一などを参照）、東の言葉を借りるなら「コミック、アニメ、ゲーム、パーソナル・コンピュータ、SF、特撮、フィギュアそのほか、たがいに深く結び付いた一群のサブカルチャーに耽溺する人々の総称」（東浩紀 二〇〇一）ということになるだろう。「おたく」というカテゴリーは前述のとおり、一九八〇年代に登場し、当初はネガティブなイメージで使用されるラベルであったが、その後のオタキングを自称する岡田斗司夫によるイメージ向上活動（岡田斗司夫 二〇〇〇）や輸出された日本のサブカルチャーの海外における高評価（この間、「おたく」の表記が「オタク」に変わっていく）を経て、二〇〇〇年代以降、「オタク」は接尾語として、広く「何かに没頭している人」という軽い意味でも使用されるようになった（例「健康オタク」）。▼カテゴリーとしての「オタク」を社会的・文化的なステレオタイプとして見たとき、その特徴は「非言語的」なものであることが多い（たとえば、長髪で頭にバンダナをまき眼鏡をかけている。やせ型または肥満体型である。チェックのシャツにジーパン、または綿パンをはいている。背中にはアニメグッズがつまったリュックを背負い、手には紙袋を提げている。しゃべり方がおどおどしていて他人と目をあわせて話さない、等。）。その中で、「オタク」の言語的なステレオタイプを特徴的に捉えているのが『Peeping Life』というCGアニメーション作品に現れる「オタクくん」である。▼オタクくんの発話の特徴は、それがすべて独り言であり、自問自答的であることである。＊[アニメ] Peeping Life（森りょういち）〔二〇〇〇〕「（オタクくんのおでん缶販売機を前にしての独り言）あれ　めずらしく今日はすいてる　ウッフフヘッ　ヘッ　ヘッ　ヘッ　まあ　出費も痛いしなぁ～　まあでも　価値ある出費であることは確か　自分の意思で決定したわけだし　自分の大蔵大臣も　これは　許してくれるだろう　ホッホッホッホッ　だけれども…　今日の昼　抜くっていうのはな　さすがになぁ　ない」また、オタク語法の特徴として、メディアに現れた表現の引用が見られる「（オタクくん）五〇円増しで牛スジ　つくんだよねぇ　へっへへへ　牛スジなぁ　あるのとないとでは　全然違うもんな～　この豪華さ　プラス五〇円　へへへ」この表現はかつて放送されていたクレジットカードのCMを彷彿とさせる（一説によると、オ

オタクくん
森りょういち『Peeping Life』
コミックス・ウェーブ・フィルム
(DVD The Perfect Edition)、2009年
©FOREST Hunting One / CoMix Wave Films

タクは好きな作品のせりふの引用で会話ができるという）。▼また、発話の端々に書き言葉的な語彙・語法が現れることがある。次もオタククんのせりふである。＊アニメ Peeping Life（森りょういち）〔二〇〇〇〕「**まあでも　価値ある出費であることは確か**」「**まあ迷う…　こともなかろう　フフフッ**」「**早く帰りたいんだけど／こいつを早く堪能したい／こいつを早く堪能したいんだけれども／こっちも早く堪能したい　へへへ**」▼一方で、ことあるごとに「萌え〜！」と叫ぶのがオタクであるというイメージが映画『電車男』（二〇〇五）などを通じて二〇〇〇年代以降、世間に広まった印象があるが、「二次元の女性キャラクターに萌える＝オタクというイメージ」は、一部のオタクが持つ特徴であり、それによってオタクというカテゴリー全体を代表させることは、オタクの多様性に目をつぶることになり、注意が必要である。

〔大田垣〕

おっす（おす）―押忍（感動詞）

「おはようございます」をぞんざいに発音した「おわーっす」「おいーっす」などがさらに

短縮されたあいさつ言葉。後に朝だけでなく、一日中いつでも出会ったときに使われるようになった。さらに、武道系のサークルなどで「はい」など返事の代わりに用いることもある。

▼戦前の海軍由来、また大日本武徳会が戦前に京都で運営した武道専門学校の学生の間で生まれたという説がある（『月刊剣道日本』一九八一年一二月号四八頁）。「押忍」は武道精神から類推した当て字。先輩から後輩にしか用いない、または少林寺拳法では省略語だから使ってはいけないなど、団体、サークル等によって制約もあるらしい。▼ポピュラーカルチャー作品の中では、武道を中心とした体育会系サークルや応援団に所属する男子学生が用いる一方で、気軽なあいさつ言葉としては一般的な若者男子、男勝りの元気な女子も用いる例がある（**〈若者ことば〉**）。

＊マンガ **鳴呼!! 花の応援団①**（原案：太地大介・作：どおくまん）（一九七五）「（統制部長）（なぐり込みが来たと聞いて）「**そそそ　それで　どこにおるんや**」（団員）**オッス　せ正門のとこです!!**」 ＊ブログ **みひろ公式ブログ**（みひろ）（二〇〇九）「（テレビで活躍中の超売れっ子女優みひろがＤＭＭでブログを開始！）**おっす！　みんなに、ありがと～**」▼日本テレビと東宝が制作した青春ものテレビドラマ『俺たちの朝』（一九七六―七七年放送）の主人公の一人、岩崎修治（勝野洋が演じる）は、「おっす」が口癖なので「オッス」というあだ名で呼ばれていた。海好きで将来ヨットによる世界一周が夢であるというキャラクター。

［金水］

おぬし

御主

（代名詞）

対等、もしくは目下の者に用いる二人称代名詞。「お」は接頭語。「ぬし」となることもある。目下の者の中でも対等に近い人物、親近感のある人物に対して用いられることが多い。▼ポップカルチャーの世界では、武士・剣士や老人のキャラクターが使用する（**〈武士ことば〉〈老人語〉**）。同種の言葉には「そなた」がある。＊マンガ **るろうに剣心―明治剣客浪漫譚―①**（和月伸宏）（一九九四）「（剣心→少年剣士の弥彦）**お主　姿形《なり》はまだ子供だが心根は立派に一人前でござるな**」▼歴史的には、室町時代以降に見られ、もともとは男女ともに、身分の区別なく用いられる言葉であった。江戸時代後期の洒落本や歌舞伎では、武士の言葉としての「おぬし」の使用は少数であり（諸星美智直　二〇〇四）、どちらかと言えば、町人など、武士や老人以外が用いることが多い（**〈町人ことば〉**）。＊

和月伸宏『るろうに剣心①』86頁
集英社（ジャンプコミックス）、2006年
ⓒ和月伸宏／集英社

歌舞伎 小袖曽我《こそでそが》薊《あざみの》色縫《いろぬい》（河竹黙阿弥《かわたけもくあみ》）〔一八五九〕「（俳人の白蓮→遊女の十六夜）まして是まで馴染のおぬし。死なねばならぬといふ譯《わけ》を、どういふ譯《わけ》か噺《はな》して聞しゃれ。品によったら俺も男、どこがどこまで引受て、おぬしが難義は救ってやらふ。」▼明治時代の小説では、「おぬし」の使用は時代物の小説に使用が偏っている。＊小説 阿部一族（森鷗外）〔一九一三〕「（阿部弥一右衛門→子供たち）家中一般の噂じゃというから、おぬしたちも聞いたに違いない。この弥一右衛門が腹は瓢簞《ひょうたん》に油を塗って切る腹じゃそうな。」▼江戸時代後期には一般に使われていた「おぬし」が、明治時代に入り、次第に使用されなくなり、「古くさい言葉」と認識され、この古くささから、その後、**〈武士ことば〉**や**〈老人語〉**として使用されるようになったと考えられる。［岩田］

おのれ

己

（代名詞・感動詞）

一人称としても二人称としても用いられる。二人称代名詞の場合、目下の者に対して用いられるが、特に、相手を見下す場合、ののしる場合などに多く使用される。また、見下す相手に対して呼びかけたり、自らの怒りを表したりする感動詞として用いられることもある。▼現代においては、日常的にはあまり使われておらず、もっぱらフィクションの世界で見られる。一人称や二人称よりも感動詞としての使用の方が多い。語感はかなり荒っぽく、一般的には男性のキャラクターが用いる〈**男ことば**〉。さらに、怒りや相手に対する攻撃性のニュアンスを含むため、武士やヒーローなどの「戦う男」が用いるという特徴がある。特に物語中で悪役がヒーローなどに攻撃されたり、倒されたりした時に発することが多い。＊マンガ **DRAGON BALL ㉛**（鳥山明）〔一九九二〕「（ピッコロ）おのれ…!! 完全体にはさせんぞ!」＊マンガ **ONE PIECE ⑭**（尾田栄一郎）〔二〇〇〇〕「（ミスター３〔海賊〕）熱っ熱〜!おのれ麦わら!」▼「おのれ」という語自体は古く奈良時代から存在している。一人称としても二人称としても古くから卑下のニュアンスを含んでいたようである。▼この古くからの用法が、近現代に入っても使われ続け、現代に至る。＊マンガ **鉄腕アトム・ホットドッ**

ク兵団の巻（手塚治虫）（一九六二）「（ポンコッツ博士）「わーっ何をするーっ」（アトム）「アハハハハゆだんをしたのが悪かったね」（ポンコッツ博士）「おのれよくもやったなーっ」」▼類例

鳥山明『DRAGON BALL完全版⑳』100頁
集英社（ジャンプコミックス）、2008年
Ⓒバードスタジオ／集英社

に「**きさま**（貴様）」「てめえ（手前）」がある。ただし、「おのれ」は古くから卑下のニュアンスがあった点で、もともと敬意の高かった「きさま」「てめえ」とは異なる。

［岩田］

おばあ

お婆　（名詞）

祖母を表す「ばば」に美化語の接頭辞「お」がついた「おばば」が変化した形。自分の祖母および老女に親しみを込めて指し示したり呼びかけたりする言葉。

▼日本各地で用いられるが、特に沖縄の方言「ウチナーヤマトゥグチ」でよく用いられ、沖縄人（ウチナンチュー）の表象として作品中に用いられることがある（**〈沖縄ことば〉**）。沖縄を舞台にしたNHK朝の連続テレビ小説『ちゅらさん』（二〇〇一年放送）で用いられ、「おばあ」役の平良とみとともに全国に知られることとなった。以来、しわくちゃでも腰が曲がっても、口も頭も体も達者で働き者でユーモアにあふれた老女のキャラクターを典型とする。　＊マンガ **がじゅまるファミリー①**（ももココロ）〈二〇〇八〉「**マンターできたよー　おばぁのオリジナルよー**」

「おばぁの手作り（こい？）のぼり」
ももココロ『がじゅまるファミリー①』58頁
琉球新報社、2008年
©ももココロ／琉球新報社

［金水］

おひかえなすって

お控えなすって（連語）

「お控えなさって（ください）」の意味を表す表現。

▼江戸時代の渡世人（諸国を渡り歩く博徒・用心棒）の口上（自己紹介のあいさつ）の冒頭に用いられる。「自分は敵ではないので手出しは控えてください」という趣旨を表す。このような口

上を述べることを「仁義を切る」とも言う（〈**やくざことば**〉）。＊流行歌 てなもんや三度笠（作詞：香川登志緒）〔一九六二〕「おいら旅人 一本刀「お控えなさんせ」「お控えなすって」」

▼母音変化によって「おひけえなすって」となることも多い。

［金水］

おほほ ― おほほ （感動詞）

⬇「ほほほ」

おます ― おます （動詞）

「ある」の丁寧語（丁重語）に相当する。「ございます」。

▼大阪を中心とする関西弁に用いられる（〈**大阪弁・関西弁**〉）。否定形は「おまへん」、推量形は「おまっしゃろ」。＊落語 米朝落語全集・崇徳院（桂米朝）〔一九八一〕「ま、よろしい。わからんならわからんでまた、手だてがおますわいな。」＊マンガ じゃりン子チエ③（はるき

悦巳）〔一九七九〕「（おばあちゃん→警官のミツル）チエのチームにえらい強い子がいましてな　その子がみんなやっつけるもんやから　チエの出番がおまへんのや」▼「おます＋よ」に相当する形として「おまっせ」「おまっさ」があり、よく用いられる。＊[流行歌]グランシャトーCMソング（作曲者不詳）「**京橋はええとこだっせ、グランシャトーがおまっせ**」▼江戸時代後期（一九世紀初頭）に、「ございます」から変化して生じたものと考えられる。「ございます」からの変化という点では「**おす**」「**ごわす**」「**ごんす**」なども同源。＊[滑稽本]**浮世風呂・二上**（式亭三馬）〔一八〇九―一三〕「（上方すじの女）デおますか。夫《それ》がマア、何で江戸《えど》子《こ》じゃナ」→「**だす**」

［金水］

おまん

お前（代名詞）

二人称代名詞「お前」が変化したもの。北は新潟から南は鹿児島まで広く用いられるが、役割語としては、文末詞「〜き（に）」などとともに使用される〈**土佐弁**〉のイメージが強い。▼〈**土佐弁**〉が全国的に広く認知されたきっかけは、一九六八年ＮＨＫ大河ドラマにおい

トイレットペーパー『龍馬からの恋文』の包み紙。中のトイレットペーパーにも龍馬の言いそうな土佐弁の言葉が印刷されている。
製造・販売：望月製紙

て『竜馬がゆく』が放送されたことであろう。土佐藩浪士坂本竜馬を主人公にした司馬遼太郎原作の同名小説を、北大路欣也主演でドラマ化したものである。ドラマの主人公が、せりふで「方言」を用いるのはこれが初の試みで、当時評判にもなった。＊［ドラマ］竜馬がゆく（脚本：水木洋子）（一九六八）「**おまんをよっぽどほしかったんじゃろ**」▼以後、一九七四年『勝海舟』、一九七七年『花神』、一九九〇年『翔ぶが如く』、二〇〇四年『新選組！』、二〇〇八年『篤姫』、二〇一〇年『龍馬伝』と、NHK大河ドラマに登場する坂本竜馬はいずれも**〈土佐弁〉**キャラクター（キャラ）であり、民放でも二〇〇九年と二〇一一年に放送され高視聴率を取った幕末タイムスリップドラマ『JIN―仁―』（原作：村上もとか）の内野聖陽演ずる竜馬も同様であった。＊［ドラマ］勝海舟（原作：子母沢寛《しもざわかん》）（一九七四）「（竜馬）**アハハ　そりゃ毛ぜえよ。オマンそりゃちゃんとした毛よォ。わしゃ背中に毛が生えちゅうがじゃきんチクとそこらの人とはちがうがぜよ**」▼坂本竜馬以外の代表的な**〈土佐弁〉**キャラとしては『スケバン刑事《デカ》Ⅱ　少女鉄仮面伝説』の主人公二代目麻宮サキを挙げることができる。『スケバン刑事』は和田慎二作の同名マンガ（『花とゆめ』白泉社、一九七六―八二）を原作としてテレビドラマ化した全三作のシリーズであり、「少女鉄仮面伝説」はその第二作目で一九八五年から八六年に放送された。南野陽子演じる主人公二代目麻宮サキは高知県土佐青柳高校のスケバン女子校生であったが、警視庁から学生刑事となることを要請された。決めぜりふ「おまんら、許さんぜよ」が有名。＊ドラマ スケバン刑事Ⅱ・少女鉄仮面伝説（原作：和田慎二）（一九八五―八六）「鉄仮面に顔を奪われ、十《とお》と七とせ。生まれの証しさえ立たん、このあてえが何の因果か警察《マッポ》の手先。けんどなあ、こんなあてえでも愛する事の尊さは忘れちょらんきに。二代目スケバン刑事麻宮サキ。愛を忘れ、人の心の弱さにつけこむ悪党ども、おまんら、絶対に許さんぜよ。」

［廣坂］〈参考：田中ゆかり 二〇一一〉

おら ― 俺 （代名詞）

一人称代名詞。「おれ」。現代では方言として、東北各地を中心に分布が見られる。

▼ポップカルチャーの世界では、「**〜さ**」や「**〜だ**」と合わせて、**〈田舎ことば〉**の一人称

として用いられることが多い。どちらかと言えば男性の方が多いが、女性が用いる場合もある。

＊ マンガ 三国志①（横山光輝）（一九九七）「それじゃおら達は田舎に帰って百姓に戻りま

鳥山明『DRAGON BALL完全版①』191頁
集英社（ジャンプコミックス）、2002年
©バードスタジオ／集英社

すだ」＊[マンガ]DRAGON BALL②（鳥山明）〔一九八六〕「（牛魔王の娘のチチ）**おら　ちょっくらたしかめてみるだ…ホンモノならよけられるハズだべ…**」▼まれに、主人公が用いる場合があるが、他の田舎者のキャラクターとは異なり、一人称以外の**〈田舎ことば〉**は出てこない。これは、主人公にあえて「田舎者」という性質を与え、（田舎者ゆえの）純粋さや無垢さなどを強調する効果があると考えられる。＊[マンガ]DRAGON BALL①（鳥山明）〔一九八四〕「（孫悟空）**さあかかってこい！　オラが相手になってやる！**」▼歴史的には江戸時代前後から見られる。主に男性が用いる言葉であったが、江戸語では男女ともに「おら」を用いている。特に「田舎者」に限らず、江戸の町人も使用する一人称である。その後、明治二〇年頃から小説などで「田舎者の言葉」としての偏った使用が見られるようになる。「おら」が**〈田舎ことば〉**として定着したのは明治二〇年から明治末頃と考えられよう。江戸時代すでに**〈田舎ことば〉**として用いられていた「～だ」「～べえ（べい）」に比べるとやや遅れて**〈田舎ことば〉**の仲間入りをしたことになる。江戸時代まで江戸を含めた関東一円で用いられていたものが、明治以降次第に江戸（東京）では使われなくなり、周辺部の言葉として認識されるようになったと考えられる。＊[小説]滑稽珍談　現今東京の有様（西森武《たけ》城《き》）〔一八八七〕「**ヤア作兵衛どんかい自己《おら》アなアよ一寸ら東京へ行て来べエと思ツてハア出掛けたんだア**」▼また、明治末頃には翻訳小説において黒人の登場人物のせりふに「おら」などの〈田舎ことば〉が当てられるようになるという〔仲川有香里 二〇〇八〕。＊童話 奴隷トム〔原作：H・E・B・ストウ・訳：百島冷泉〕〔一九〇七〕「〔白人女性のオフェリア〕「一体お前は幾歳《いくつ》？」〔黒人女性の召使いトプシー〕「俺《おら》 知らないだ」」▼その他の〈田舎ことば〉と同じく、「田舎者」というだけでなく、身分の低い人物や無教養な人物あるいは、嘲笑の対象となる人物に用いられる場合がある。＊脚本 ぢゃぢゃ馬馴らし〔原作：シェークスピア・訳：坪内逍遙《しょうよう》〕〔一九三四〕「〔スライ［鋳掛屋で、領主にだまされる役］〕……あのマリヤン・ハケットに訊いて見て下せえまし、おらを知ってるかって。奴がおらに十四片のどびろくの貸しがあるといはねえやうなら、おら基督教国中での大虚言者だに。」↓「おれ」

［岩田］

おる ― 居る 〔動詞〕

「いる〔居る〕」と同義。共通語では、「おり」〔連用中止法〕、「おります」「おられる」の三つの形以外ではほとんど用いられない。

▼方言としては、西日本に広く分布しており、「いる」の代わりにあらゆる活用形で用いら

れる。＊小説 金鯱《きんこ》の夢（清水義範）〔一九八九〕「**わしらとはできが違うでかんて。**京におらっせた人だぜ」（**〈尾張ことば〉**）▼一方、「じゃ」「～ん」（打ち消し）とともに、役割語の**〈老人語〉**（または**〈博士語〉**）の一部としてよく用いられる。＊マンガ 鉄腕アトム⑧（手塚治虫）〔一九六〇〕「（お茶の水博士）**こういうことがあるから出ずにゃおれんよ**」▼歴史的には、奈良時代より以前に、「ゐる（居る）」（座る、留まるの意）に存在を表す「あり」が付加された形式が変化したものと考えられ、「座っている」「留まっている」の意で用いられた。平安時代になると「ゐたり」などの形がよく用いられるようになった一方で、「をり」はあまり用いられなくなった。▼江戸時代、京都、大阪など上方の言葉として「おる」はよく用いられていたらしい。当時、江戸の町では商売人、学者、役者など上方の人間が多くいて、上方語のほうが上品な言葉として認識されていたが、次第に関東の固有の表現がよく用いられるようになって江戸語と称されるようになった。江戸語では「いる」の方が用いられる。江戸語の使用が増えていくと、上方語が保守的な老人の言葉として認識されるようになり、そのような状況が役割語としての**〈老人語〉**を生み出したものと推測される。＊

そんな男にうつつをぬかしておるから、練習に身が入らんのぢゃ!!
その男とはAまでいったのか、それともBか!?

浦沢直樹『YAWARA! ①』28頁
小学館（ビッグコミックス）、1987年
©浦沢直樹　スタジオナッツ／小学館

滑稽本 **安愚楽鍋《あぐらなべ》（仮名垣魯文《かながきろぶん》）**〔一八七一―七二〕「**あやうい橋も渡らんければ、まぐれ当りといふこともないと勘考して診察しておる処え**」▼その後、戯作《げさく》、大衆小説、子供向けの読み物、マンガ、アニメなどで〈**老人語**〉が継承されるなか、「おる」もその一部として用いられた。＊マンガ **YAWARA! ①**（浦沢直樹）〔一九八七〕「（猪熊滋悟郎）**そんな男にうつつをぬかしておるから、練習に身が入らんのぢゃ!!**」↓「**とる**」「**のう**」

〔金水〕

おれ ― 俺・儂 （代名詞）

一人称代名詞。今日では一般に〈**男ことば**〉として認識されている。▼鎌倉時代の資料から一人称代名詞としての用例が見え、古くは貴賤男女を問わず使用されていたが、改まった場での使用は歴史的資料を通じて多くない。江戸時代から、特に江戸の町人・武士の言葉として多く用いられており、女性の使用は少なくなっていった。明治になって知識人層の男性を中心に「**ぼく**」が広まると、「おれ」は非知的、土着的な印象を与える男性専用の代名詞となった（〈**男ことば**〉）。▼第二次世界大戦までは、日本の軍隊では「ぼく」「きみ」が禁止され、対等以下の相手に対しては「おれ」「**きさま**」が用いられていた。▼戦後の流行歌の歌詞では、青春歌謡、キャンパスソングなどで「ぼく」がもっぱら用いられたのに対し、演歌、ムード歌謡では「おれ」の使用が多かった。＊流行歌 **兄弟仁義**（作詞：星野哲郎・唄：北島三郎）（一九六五）「**俺の目をみろ　何んにもゆうな**」▼一九七〇年代くらいまでは、少年読み物や少年マンガの世界では、清く正しい主人公クラスの少年は「ぼく」を用いるのに対し、「おれ」を用いるのは脇役的男性（特に悪玉）が多かった。『ドラえもん』に登場するガキ大将のジャイアンが「おれ」を用いるのはその名残である。＊小説 **ああ玉杯に花うけて**（佐藤紅緑）（一九二八）「**生蕃**《せいばん》**は暫らく考えたが、やがて大きな声で笑い出した。「お前俺に喧嘩を止させようと思ってるんだろう、それだけはいけない」**」▼一九七〇年代以降は、少年マンガ・アニメなどで低い階層から実力でのし上がっていく少年・青年がヒーローとして現れるようになると、知的な「ぼく」に変わって野性的な「おれ」がヒーローの少年・青年に多く用いられるようになった。＊マンガ **巨人の星**①（原作：梶原一騎・漫画：川崎のぼる）（一九六六―七一）「（星飛雄馬）**見たかっ　これがおれの実力だっ**」▼近年は、「ぼく」が幼児的・マザコン的な弱々しい印象を与えやすくなった（参考「ぼくちゃん」）ため、逆に「おれ」が男性の自称詞として標準化しつつある。「おれおれ詐欺」という言葉が示すとおり、若い男性が自宅に電話をかけるときの平均的な一人称代名

原作：武論尊・漫画：原哲夫『北斗の拳①』79頁
集英社（ジャンプコミックス）、1983年
©武論尊・原哲夫／NSP 1983

詞は、「おれ」なのである。▼若い女性が「ぼく」を用いることは「ぼく」の項目で触れたが、「おれ」を女性が用いることはフィクションの世界ではまれであった。しかし近年では「俺女《おれおんな》」「オレっ娘《こ》」と呼ばれる、「おれ」を使用する少女もポピュラーカルチャーの中で定着しつつある。＊マンガ うる星やつら⑮（高橋留美子）（一九七八―八七）「（藤波竜之介）オレは男だ〜!」」▼「おれ」に「さま」をつけた「おれさま」は、いわゆる自敬表現であり、現実のまじめな発話では現れにくいが、傲慢不遜で野卑な男性の一人称代名詞としてフィクションではしばしば用いられる。＊マンガ 北斗の拳①（原作：武論尊・

漫画：原哲夫）（一九八三）「（ケンシロウと鎖を引っぱり合う悪玉キャラ）ぬうっふふっ　このおれさまと力くらべをしようとは　たわけた小僧だぜ」

［金水］

かしら ― かしら （助詞）

「～だろうか」「～のか」などの意味で、文末に付いて疑念・疑問を表す。

▼近年、ポピュラーカルチャーの世界では、**〈お嬢様ことば〉〈奥様ことば〉**のイメージが定着している終助詞。「かしらぬ」の変化した「かしらん」と同じ。＊［マンガ］笑う大天使①（川原泉）〔一九八七〕「（桔《き》梗《きょう》の宮［女学生］）**どーして今までそれに気がつかなかったのかしら**」▼もともとの「か知らぬ（か知らん）」の「知らぬ」の意味が薄れ、江戸時代には疑問を表すようになる。ただし、直接聞き手に質問するものではなく、自らの疑念を表すことが主であった。＊［滑稽本］**浮世床**（式亭三馬）〔一八一三―一四〕「（乳母《うば》）**あれでもすむ事かしらん**」▼明

治後期から大正頃に「かしらん」から「かしら」へと変化する。＊小説 吾輩は猫である（夏目漱石）〔一九〇五―〇六〕「（迷亭《めいてい》［成人の男性］）誰か来ないかしら」▼現代では、どちらかと言えば女性が使う語として扱われているが、男性の使用も一部見られる。＊小説 エディプスの恋人（筒井康隆）〔一九七七〕「（七瀬［若い女性］）でも、どうして割れたのかしら。こんなことって、よくあるの」＊絵本 だれかしら・どうぶつあれあれえほん（多田ヒロシ）〔一九七二〕「（男児）ともだちいっぱいいくるかしら」

［岡﨑］

かたじけない

忝ない（連語）

もったいない、恐れ多い、申し訳ない、ありがたい、の意。

▼フィクションの世界では特に、武士や剣士のキャラクターが用いる言葉（〈武士ことば〉）。＊マンガ ONE PIECE ㊳ （尾田栄一郎）〔二〇一二〕「（剣士の錦えもん）この御恩っ!!!! 生涯忘れぬ!!!! かたじけないっ!!!!」▼この「かたじけない」は、二〇一〇年のgooランキングの「メールなどで使ってみたい武士語」ランキング（http://ranking.goo.ne.jp/column/article/go

尾田栄一郎『ONE PIECE ㊳』97頁
集英社（ジャンプコミックス）、2012年
Ⓒ尾田栄一郎／集英社

orank/11839/）で、一位にランクインしており、〈**武士ことば**〉の中でも特に一般になじみ深いものである。▼「かたじけなし」という言葉自体は非常に古くから使われており、『日

本書紀』などにも見られる。各時代を通じて目上の者に対する恐縮・感謝を表す敬意を含んだ言葉として使用されている。江戸時代における「かたじけない」の使用は、女性が用いた例も見られ、武士に限らず、一般的に用いられる言葉であった。江戸時代末頃までこのような一般的な使用が認められる。＊歌舞伎 **助六所縁《ゆかりの》江戸桜**（一八一一）「（花魁の揚巻）**エ、、かたじけなふござんす**」▼江戸時代の方言集『浪《なに》花《わ》聞書《ききがき》』によれば、江戸語では、目上の人物には「ありがたい」を用い「かたじけない」とは言わず、京都・大阪（上方）の方がより広く「かたじけない」が用いられていた様子がうかがわれる。**〈武士ことば〉**や**〈老人語〉**は京都・大阪の言葉との関係が強いことを考えると、「かたじけない」もまた上方語からの影響が考えられよう。▼明治末から大正頃にかけて、小説や映画、講談などでいわゆる時代物が流行した。それらの作品の中では武士の用いる「かたじけない」が多く見られる。一方で、時代物以外の小説ではほとんど見られなくなる。この頃の時代物から**〈武士ことば〉**として定着していったものと考えられる。時代小説の先駆とされる中里介山の小説『大菩薩峠』（一九一三―四一）では、すでに剣士竜之助のせりふとして使用されている。＊小説 **大菩薩峠**（中里介山）（一九一三―四一）「**「それ、望み通り竹刀を一本」「かたじけない」竜之助は貸してくれた竹刀を受取って少し退いて、……**」

［岩田］

がんす ―― がんす（動詞）

「ございます」が変化した丁寧表現の一種。▼本来は広島方言、また山形方言。「名詞＋で＋がんす」「形容詞連用形＋がんす」などの形で用いる。＊記録 **全国方言資料・広島県**（日本放送協会）〔一九六七〕「**おはようがんした**」▼田舎者を表すために用いられる（**〈田舎ことば〉**）。藤子不二雄Ⓐのマンガ『怪物くん』に登場する「オオカミ男」は、一人称に「**あっし**」「**あたし**」、文末に「ガンス」を用いる。＊マンガ **怪物くん**（藤子不二雄Ⓐ）〔一九六五〕「（オオカミ男）**ぼっちゃんねぼけちゃいやでがんすあたしゃオオカミ男でがんすよ**」

〔金水〕

きさま ―― 貴様（代名詞）

二人称を指し示す代名詞。

▼六世紀末頃から文献に見えるが、当初は尊称として用いられており、次第に敬意が下がって、幕末頃には、対等以下の相手に用いるようになった。また敬意の低減とともに、用い手も男性に偏るようになった。さらに今日では、ののしり、けんか腰の文脈でしか用いにくくなっている**〈男ことば〉**。▼第二次世界大戦まで、日本の軍隊では、「**ぼく**」「きみ」の使用が禁じられ、代わりに「**おれ**」「きさま」が対等以下の人物に対して用いられている。「同期の桜」として知られる軍歌は、「貴様と俺とは同期の桜」という歌い出しであるが、これのもとになった西條八十《やそ》作詞「二輪の桜――戦友の唄」（『少女倶楽部』昭和一三年二月号）では、「君と僕とは二輪の桜」と歌われている。昭和一五～一七年頃、兵学校で替え歌として歌われたのが今日の「同期の桜」の始まりとされる（高島俊男　二〇〇七）。▼今日、マンガ・アニメなどポピュラーカルチャーの世界では、常用的に「きさま」を用いる人物と、そうではない人物とに緩やかに分類できる。前者は、他者を絶えず見下す冷徹なキャラクターが多い。＊[マンガ]家庭教師ヒットマンREBORN!①（天野明）（二〇〇四）「（ボンゴレ一世）**貴様の覚悟**　しかと受け取った」▼後者は、戦闘場面などで激高して相手をののしる場合でよく用いられる。＊[マンガ]DRAGON BALL㊴（鳥山明）（一九九四）「（悟空）**きさまを倒すにはにどと修復できないようこなごなに吹っとばすことだ…!!**」

［金水］

くう — 食う （動詞）

「食べる」のぞんざいな言い方。男性がもっぱら使用する〈**男ことば**〉と考えられる。
▼〈**男ことば**〉として「食う」という表現を見たとき、「食う」を用いるキャラクターの属性としていくつかのパターンが見られる。まず、無邪気な、または天真爛漫な少年キャラが「食う」を使うことがある。＊マンガ DRAGON BALL ㉑（鳥山明）〔一九九〇〕「（孫悟空）（仙豆を）は、**はやく食わせてくれっ!!**」＊マンガ 北斗の拳①（原作：武論尊・漫画：原哲夫）〔一九八四〕「（バット）**よおすこし休もうぜ。おらあ、もう、腹がへって動けねえぜ。もう、食うもん、ねえのかよ**」▼ハードボイルドな一匹狼キャラも「食う」を使用することがある。＊アニメ 孤独のグルメ・第一話（久住昌之）〔一九九七〕「（回転寿司店に入った主人公・井之頭五郎の心のなかのつぶやき）**パッと食ってサッと出よう。めんどう臭くなくていい**」▼方言を使用する田舎者キャラも「食う」を使用する。＊アニメ 孤独のグルメ・第一話「（ブルーカラーの中年男性）**おうヤマさん　いっしょにメシ食うべよォ**」▼無法者・悪人キャラも「食う」を用いる。＊マンガ 北斗の拳①（原作：武論尊・漫画：原哲夫）〔一九八四〕「（モヒカン頭の無法者）**これでもまだおれ様にはタダでくわせられないってのか!?**」▼鬼や妖怪などの人間でない存在にも

「食う」が使用される。＊小説 **忘れられた帝国**（島田雅彦）〔一九九五〕「**桃太郎は鬼に食われちゃったのか？**」▼ただし、ある登場人物が一貫して同一作品内で「食う」を使用すると は限らず、状況によって同じ人物が「食う」を使用したり「食べる」を使用したりすることもある。＊アニメ **孤独のグルメ・第一二話**（久住昌之）〔一九九七〕「（井之頭五郎）**モノを食べる時はね誰にも邪魔されず自由でなんというか救われてなきゃあダメなんだ**」。＊マンガ **DRAGON BALL ㊵**（鳥山明）〔二〇〇四〕「（悟空）じゃあわりいけどさ　さっそく　なんか　食わしてくんねえかな。きっと界王神さまならすっげえごちそう食べてんだろ」

〔大田垣〕

くそ　糞（名詞・接頭辞）

本来の人間や動物の「糞」を表す用法と、相手や状況に対して卑罵の気持ちを込めて投げかける感動詞的な用法とがある。

▼後者は今日では、相手をおとしめるという意味よりは、困難な状況に置かれた自分に対して発奮を促す意味で用いられる場合も多い。「なにくそ」「くそったれ」などの形で用い

られることもある。＊マンガ 鉄腕アトム⑤（手塚治虫）〔一九五八〕「**くそ……オ　あのロボットこぞうのために　せっかくの馬をつれていかれたっ!!**」▼はっきりと指示対象の人間をおとしめる用語として、「くそ＋名詞」という複合名詞の形式をとる用法がある。名詞の部分には、相手の属性（年齢、性別、職業など）を表す語が入る。「くそおやじ」「くそじじい」「くそばばあ」「くそがき」「くそあま」「くそ坊主」などのような語がそれで、指示される人物を卑罵する目的で用いられる。＊小説 さぶ・六の二（山本周五郎）〔一九六三〕「（松田→栄二）**お前はどうしてあのくそ野郎を殴った**」▼「くそ暑い」「くそ甘い」など、形容詞に付加して程度の甚だしいことを表す用法もある。▼いずれの用法も、元来尾籠《びろう》な意味を持つ語なので、女性は用いにくい。用いたとしても、その女性がかなり男性的な属性を持っていることを表すことになる（**〈男ことば〉**）。

［金水］

くらう ―― 食らう（動詞）

「食べる」をぞんざいに表現した動詞。主に男性的な表現と捉えられる（**〈男ことば〉**）。

▼命令の形「くらえ」で用いられることで、攻撃性や好戦的な傾向、荒々しい性格を持つ戦士を想起させる。「くらえ」は、善玉か悪玉かにかかわらず、戦士が攻撃を渾身の力を込めて相手に浴びせる際に叫ぶ言葉である。＊マンガ **ギャグマンガ日和⑤**（増田こうすけ）〔二〇〇四〕「（戦士→敵四人）**くらええええ！**」▼「くらう」は「食べる」の意味で平安時代頃から見られるが、次第に卑俗語的な意味合いが強くなった。江戸時代頃からは「好ましくないことを身に受ける、こうむる」の意味でも用いられ、命令形「くらえ」は何かを繰り出して他人に痛手を負わせる場面でも使用されるようになる。なかでも、糞尿と結びついた「くそ（を）くらえ」は、他人をののしる・からかう際や、気持ちを奮い立たせる際に口に出す決まり文句となった。＊古典 **竹斎はなし・上**（作者未詳）〔一六七二頃〕「（竹斎が療治に行く道の途中で、多くの子供が周りをついて歩く）**竹斎やがてにぎりへをして、こりやくらへとて、かがさんとして、**（中略）**扨《さて》もくさきをれがへかなといはれた。**」▼昭和に入ると、捕物や喧嘩の場面で使用され、相手に攻撃を浴びせる意味合いが強くなる。＊小説 **火星兵団**（海野十三）〔一九三九―四〇〕「（刑事→火星人）**おお、静かにしろ。出来なければ、これをくらえ**」＊小説 **落語・教祖列伝――神伝魚心流開祖**（坂口安吾）〔一九五〇〕「（町内の連中がよってたかって殴りつけながら言う）**だれがキサマにミソ漬けのムスビをくわせるもんか。これでも、くらえ**」▼戦後の一九五〇から六〇年代に発表された少年マンガでは、時代物や探偵ヒーロー物など、戦

いの場面が描かれる作品で多用されている。＊[マンガ] ビリーパック①（河島光広）〔一九五六〕「（探偵→麻薬組織の男）（殴る）**これでもくらえ！**」▼以降、対決の場面で攻撃を繰り出す際に戦士が叫ぶ言葉となっている。近年では攻撃の名称を挙げて「○○をくらえ」、「くらえ、○○」と叫ぶ場合が多い。＊[マンガ] キャプテン翼⑭（高橋陽一）〔一九八五〕「（新田瞬→南葛小イレブン）**ここだ！　くらえ隼シュート!!**」＊[マンガ] 幽☆遊☆白書④（冨樫義博）〔一九九〇―九四〕「（飛影→対戦相手）**くらえ――!!　炎殺黒龍波!!**」

〔依田〕

ごしゅじんさま ― ご主人様 （名詞）

メイド、執事、マゾ奴隷などが自分の主人を指して用いる言葉〈**執事ことば**〉〈**メイドことば**〉。まれに主人が自分自身を指して用いる。

▼古くは江戸中期頃から見られ、主従関係の従者の側である者が主《あるじ》を指して用いた。男性・女性のいずれも使用する。この頃は三人称の呼称、あるいは主《あるじ》の社会的立場を指す名詞用法に限られる。「殿様」「（御）主人」「旦那様」などの語と併用された。＊[浄瑠璃] **菅原伝授手《すがわらでんじゅて》**

習鑑《ならいのかがみ》・初段筆法伝授の段（竹田出雲・並木千柳（宗輔）・三好松洛・竹田小出雲の合作）〔初演一七四六〕「（元家来→主人）**ハアア有《あり》がたや忝《かたじけな》い。筆法御伝授《でんじゅ》有からは。御勘當《ごかんどう》も赦《ゆる》され。前にかはらぬ御主人様。**」▼大正末～昭和初期になると、西洋からもたらされた原典を翻訳したものや、キリスト教・西洋文学の影響を受けた作家による戯曲などに二人称（呼びかけ）としての使用が見られるようになる。いずれも、奴隷や身分の低い者、近臣が主《あるじ》（自分の所有者、王など）に呼びかけるのに用いている。「御主人」「旦那（様）」などとの併用も見られる。ただし、呼びかけではなく、文の要素として使用される二人称は「あなた（様）」である。＊脚本 **俊寛・三・一**（倉田百三）〔一九一六〕「（有王→俊寛）**ああ御主人様何事も時で御座います。吾々の運は去りました。**」＊小説 **千夜一夜・一〇・アラッヂーンと不思議なランプの話**（訳：大宅壮一）〔一九三〇〕「（ランプの魔神→ランプの持ち主）**おおご主人様、サルタン様はあなたさまをお待ちでございます！**」▼以後、主《あるじ》に服従する使用人や奴隷を想起させる言葉として広く共有される。折しも、戦後の日本は、出版事業の活性化やテレビの普及などによって「アラビアン・ナイト（千夜一夜物語）」の物語に触れる機会が戦前に比べて増えたうえ、原話の筋立てなどを応用した『ハクション大魔王』〔一九六九－七〇〕に代表される作品がテレビ番組や子供向け雑誌などで取り上げられた時期にあった（杉田英明 二〇一二）。そのため、使用人などとその発話の結びつきが一般化し得る状況にあったと考えられる。その後、オタク文化がメディアで取り上げられるようになったり、SM文化が隆盛したりしたことを背景に、二〇〇〇年代頃からは使用人の中でも特に、メイドやSMプレイにおけるマゾ奴隷を想起させる言葉になった。＊マンガ ハクション大魔王（吉田竜夫とタツノコプロ）（一九六九—七〇）「（ランプの魔法使い↓カンちゃん）ごしゅじんさま　なにかごようでごじゃるかや」＊小説 スモールワールド（サタミシュウ）（二〇〇五）「（マゾ奴隷［女］↓調教主［男］）気持ちいいです、ありがとうございます、御主人様」▼二〇〇〇年代に入る頃から「ごしゅじんさま」は呼びかけではない二人称（文の要素）としての用法も持つようになった。それ以前は、主《あるじ》のことを、『ハクション大魔王』の魔法使いも、マンガに登場するメイドも、「ごしゅじんさま」だけでなく、「名前＋接尾辞（様・ちゃん）」でも呼ぶ。しかし、二〇〇〇年代になると、主人のことを「ごしゅじんさま」のみで呼ぶ作品が見られるようになった。その背景には、「コスプレ喫茶」の一つとしてエプロンドレスを身にまとった「メイドさんとのロールプレイ」（早川清・山崎龍　二〇〇八）を提供する「メイド喫茶」が相次いで出店したことがあろう。なかでも、二〇〇三年に「「お帰りなさいませ、ご主人様」を常用」（RinRin王国）する店ができたことが大きい。それは以後、「「お帰りなさいませ、ご主人さま、というフレーズで迎えてくれる」など、特定の店の個性でありながらメイドカフェ全体のイメージにかかわるほど強力な特徴」（堀田純司　二〇〇五）となり、いかにもメイドが用いそうな言葉として

「ごしゅじんさま」を世間に広めたと考えられる。そこから、用法に関わりなく、メイドは主《あるじ》のことを「ごしゅじんさま」と呼ぶとするステレオタイプに発展したと見られる。これは、執事やマゾ奴隷の場合も含め、相手がどのような個人であるかよりも、主人とその召使という間柄に価値が見出されるようになったことの表れであろう。＊マンガ ハチワンダイバー①（柴田ヨクサル）〔二〇〇六〕「（メイド→主人）あっ　ご主人様は何もなさらなくて結構です」▼執事の場合、性別や有能さの面でメイド・奴隷と異なるため、主《あるじ》を「あなた」「旦那様」「坊ちゃん」などと呼ぶことのほうが多い。執事が用いる「ごしゅじんさま」は二人称（呼びかけ）としての使用が中心であり、主人との契約関係を強調するような特殊な場面で使われる。＊マンガ 黒執事②（枢やな）〔二〇〇七〕「（執事→主人）貴方の命令一つで私は貴方の（中略）「剣」となる　さぁ…王手《チェック》をご主人様」▼現代ではまれに、メイドを脅して圧力をかける際などに、主《あるじ》が自分自身を指して一人称として用いることがある。＊マンガ 会長はメイド様！②（藤原ヒロ）〔二〇〇七〕「（常連客である男子高校生→メイドとして働く女子高校生）（メイド喫茶での間柄を持ち出して）せっかくご主人様がメイドのかわりに1等とってあげたの

柴田ヨクサル『ハチワンダイバー①』110頁
集英社（ヤングジャンプコミックス）、2006年
ⓒ柴田ヨクサル／集英社

にご褒美くれないの？」

［依田］

ごぜえます ― 御座えます（動詞）

「ございます」の音が変化したもの。動詞「ある」、または補助動詞「ある」の丁寧語として用いられる。

▼現代のポップカルチャーの世界では、田舎者のキャラクターが使う「ごぜえます」**〈田舎ことば〉**と江戸っ子（と、それに類する古典的なやくざのキャラクター）の用いる「ごぜえます」**〈江戸ことば〉〈やくざことば〉**がある。前者では「ごぜえますだ」となり、後者では「ごぜえますぜ」あるいは「ごぜえやす」となることがある。＊マンガ 伊賀の影丸・若葉城の巻（横山光輝）〔一九六一〕「（里の大工）おねがいでごぜえますだ　家にかえらせてください」＊小説 旗本退屈男（佐々木味津三）〔一九三一〕「（岡っ引き）何の試合か宵試合がごぜえましたかてね、済んでから門弟共残らず集めて祝い酒かなんかを振舞うという話でごぜえましたから、その隙に乗り込んだらと存じまして、実はあッしも大急ぎに吉原から御あとを追っか

けて参ったんでごぜえますよ」▼歴史的には江戸時代後期頃から見られる。江戸時代には、江戸の庶民の言葉として用いられていた。一方で、**〈田舎ことば〉**としての使用は、明治時代以降に認められる。もともと江戸を中心に関東で広く用いられていた「ごせえます」が、一方では江戸っ子の言葉として、他方では江戸周辺部の田舎言葉として残存したものと考えられる。＊[小説]春昼後刻《しゅんちゅうごこく》（泉鏡花）〔一九〇六〕「（鎌倉、逗子辺りの百姓の親仁《おやじ》）竹ン尖《さき》で圧《おさ》えつけてハイ、山の根っこさ藪の中へ棄てたでごぜえます。女中たちが殺すなと言うけえ。」

［岩田］

こと ― 事（助詞）

名詞「こと（事）」が終助詞的に使われたもの。軽い感動の意を添えたり、疑問や勧誘の意を表したりする。

▼現代では話者は女性に偏り、特に敬語（「です」「ます」など）＋「こと」の形で、上流階級の女性が使用するイメージを持つ（**〈お嬢様ことば〉〈奥様ことば〉**）。＊[エッセー]お嬢さまこと

ば速修講座（加藤ゑみ子）（一九九五）「素敵な色ですこと」「こちらの色違いは、ございますこと？」「窓側の席をお願いできますこと？」▼用法としては、①感動・驚き、②質問、③勧誘、④婉曲な断定の四つがある。以下、それぞれの例である。①＊[小説]塩狩峠（三浦綾子）（一九六六—六八）「（永野菊［主人公の母］）あら、それはすみませんでしたこと。関西の味とだいぶちがいましょう？」②＊[小説]門（夏目漱石）（一九一〇）「（御米《およね》［主人公の妻］）「好い御湯だった事《コト》？」と聞いた」③＊[マンガ]笑う大天使①（川原泉）（一九八七）「（更科袖子［女学生］）…行ってみませんこと？　和音様」④＊[小説]新源氏物語（田辺聖子）（一九七八—七九）「（弘徽殿の女御［皇妃］）神などが魅入りそうなご様子だこと。却って気味がわるいわね」

川原泉『笑う大天使①』110頁
白泉社、1987年
©川原泉／白泉社

［岡﨑］

ごめん

御免

（名詞・感動詞）

「許す」という意味の「免」に美化語の接頭語「御」を付けたもの。

▼謝罪の場面、あるいは非礼をわびつつ動作をする際のあいさつ言葉として江戸時代から盛んに用いられたが、「これにてご免」「ご免つかまつる」などと言えば**〈武士ことば〉〈忍者ことば〉**であり、「ご免なんしておくんなんし」「面倒なことはご免だよ」などと言えば**〈町人ことば〉**である。＊マンガ **伊賀の影丸・闇一族の巻**（横山光輝）〔一九六一—六六〕「「おぬしたちは尾形殿の警護につけ」「はっ」「ごめん」」▼「ご免だ」あるいは「ご免こうむる」は「〜のような目に遭うことは許してほしい」という意味から、困難な状況に対する忌避の気持ちを表す言葉として今日まで用いられる。▼今日では、男女とも「ごめんなさい」あるいは「ごめんね」「ごめんごめん」などという謝罪のあいさつ言葉で最もよく用いられるが、「すみません」「申し訳ありません」というフォーマルな謝罪言葉に比して、子供っぽい、あるいはカジュアルなニュアンスが強い。なお、「申し訳ない」は男性に用例が偏るようである。＊マンガ **サインはV！**①（原作：神保史郎・漫画：望月あきら）〔一九六八〕「（朝丘ユミ→母）あ、ごはんたべちゃったの？　ごめんごめん　おそくなって」▼「ごめんください

（ませ）」という形で、人の家を訪問したときのあいさつ言葉として用いる用法もごく一般的になっている。これをもじった「ごめんくさい」とは芸人チャーリー浜（吉本興業）の有名なギャグである。

［金水］

ごわす

ごわす （動詞）

動詞「ある」または、補助動詞「ある」の丁寧語として用いられる方言である。「ごありまず」の転化した「ごはんす」から「ごわす」へ変化したと考えられている（『日本国語大辞典』第二版）。実際の方言としては全国各地に分布が見られるが、現在では特に鹿児島（薩摩）人を連想させる言葉となっている（**〈九州弁〉**）。「**ごんす**」となることもある。

＊新聞 **ＭＳＮ産経ニュース**（二〇一一年一二月三〇日）「**一反木綿は鹿児島県出身の妖怪という設定から、名刺には「二〇一二年　運気上げる辰年　一反木綿の出番でごわす」と、鹿児島弁のあいさつが印刷されている**」▼現在では「明日からがんばるでごわす」とか「落ちてしまうでごわす」「ただいまでごわす」（いずれもインターネットより採取）のように本来「あ

る」が用いられない語尾にも用いられており、一種のキャラ語尾（キャラクターを特徴づけるために用いられる文末表現）のようになっている。▼「ごわす」＝**〈九州弁〉**の例が見られるようになるのは、昭和初期からである。昭和初期の坪内逍遥《しょうよう》の翻訳作品では、警保官（現在の警察官）の人物の言葉として「ごわす」が用いられている。これについて逍遥自身が注記として次のように書いている。「当時の警保官は、無学な癖に、妙にむづかしい言葉を使ひたがったものだ。恰も明治初年の邏卒なぞが変な漢語を振廻はしたのに似てゐる。其訛りのをかしさを、例によって作者が喜劇要素に利用してゐる。」明治時代の邏卒《らそつ》（警察官）には、特に薩摩出身者が多かった（警視庁初代大警視が薩摩出身の川路利良だったため）と言われており、逍遥の「なまり」のイメージは、おそらく薩摩方言からきていると考えられる。＊脚本 **むだ騒ぎ**（原作：シェークスピア・訳：坪内逍遥）（一九三五）「（ドッグベリー［愚鈍な警保官］）**全くでごわす。御領民でもない者に干渉さすべきぢゃごわせん。**」▼「ごわす」を含め九州方言は、方言を用いるキャラクターの中でも、「男らしさ」というステレオタイプを持つと言われる（田中ゆかり 二〇一一）。しかしながら、坪内訳での「ごわす」は明らかに嘲笑の対象として用いられており、その点で、現代の田舎者のキャラクターを表すための東北系方言と同じような使われ方をしているとも言える。↓「**おら**」▼「男らしい」**〈九州弁〉**の中でも、「ごわす」は特に、大柄でがっしりとして腕力に優れるが、根はやさしい、といった人物がイメージされる事が多い。これは、おそらく、薩摩出身者として最も有名な人物である西郷隆盛のイメージが強く影響していると考えられる。「薩摩弁キャラクター」としての西郷隆盛の登場は、田中ゆかり（二〇一一）によれば一九六〇年から七〇年代にかけて発表された司馬遼太郎の小説『竜馬がゆく』や『翔ぶが如く』の頃からではないかと考えられている。「ごわす」と「男らしい」**〈九州弁〉**の結びつきが強くなったのは、この辺りからであろう。＊[小説] 竜馬がゆく（司馬遼太郎）（一九六二―六六）「**西郷はその座のふんいきを機敏にとらえ、「なるほど降参でごわすか、いかにも降参しもそ」といったので**」▼現在では、力士のキャラクターにも「ごわす」が用いられる場合がある（**〈相撲取りことば〉**）。＊[ゲーム] ストリートファイターII（カプコン）（一九九二）「（エドモンド本田）**豪快に決めたでごわす**」「**日本一！　これ即ち世界一でごわす!!**」▼歴史的には、江戸時代後半に、力士が丁寧語として「ごんす」を用いる例が見られるようになる。たとえば、次の『双蝶々曲輪日記《ふたつちょうちょうくるわにっき》』では、力士である長吉と長五郎のみが「ごんす」を使用し、他の人物は用いていない。この頃にはすでに力士が用いる言葉として「ごんす」が一般的に認識されていたものと考えられる。＊[歌舞伎] 双蝶々曲輪日記（竹田出雲・三好松洛・並木千柳）（一七四九）「（長五郎）「**イヤ、長吉殿、お名は切々聞き及べど、染々《しみじみ》逢ふは今日の相撲、扠《さてさて》強《きつ》い身塩梅小手の利き様**」（長吉）「**へゝ何とごんすか**」」▼もともと「ごんす」は現代のような特定の方言やキャラクターとの結びつきがあるものではなかった。江戸時代後半以降、一部の方言を除き一般的には「ごんす」が用いられなくなる中で、力士が用いる「ごんす」は落語や講談、時代小説などに残存する。＊小説 **右門捕物帖**（佐々木味津三）〔一九二九〕「**突然江戸錦がぷいと立ち上がって、にたり微笑を漏らすと、「おいどんが負けでごんす」…**」▼このような力士の用いる「ごんす」が背景にある一方で、明治以降〈**九州弁**〉として徐々に定着していった「ごわす」と「ごんす」が混同され、現代のような力士が用いる「ごわす」が成立したものと考えられる。「ごんす」と「ごわす」が混同された要因としては、その音韻的な近さもあるが、「ごわす」キャラクターの代表である西郷隆盛の外見的な特徴と力士のイメージとの共通性も考えられるだろう。また、鹿児島は元横綱、初代西ノ海嘉治郎をはじめ、多くの有名力士を輩出している地でもあり、実際の鹿児島出身の力士のイメージが影響している可能性もある。

［岩田］

ごんす　ごんす（動詞）

存在を表す動詞「ある」の丁寧な表現「ございます」が変化した形。▼役割語としての「ごんす」は主に、「〜でごんす」の形でキャラ語尾（キャラクターを特徴づけるために用いられる文末表現）化して、相撲取りや田舎者の言葉として使用される（**〈相撲取りことば〉〈田舎ことば〉**）。＊マンガ 美味しんぼ④（雁屋哲）〔一九八五〕「（相撲取りの大谷）放してくれ、わし、もう駄目なんだ、死ぬでゴンス!!」▼文末に「ごんす」を用いる典型的なキャラクターとして、アニメ『おじゃる丸』に登場する子鬼トリオのリーダーのアオベエや、手塚治虫の創作した「オムカエデゴンス」でおなじみのスパイダーがいる。＊エッセー おじゃる丸のまったり人生のススメ（犬丸りん）〔一九九九〕「今日こそ……エンマ大王様のシャクを取り返すでゴンス」＊マンガ ブラック・ジャック⑰（手塚治虫）〔二〇〇三〕「社長お電話です。おむかえでごんす。おむかえでごんす。おくさんからおでんわでごんす」▼また、漫才師のオードリーの春日俊彰もラジオ番組の中で「春日語」と称して、「〜でごんす」や「〜でごんすな」を使用する。こうした使用は、**〈田舎ことば〉**の延長にあるものと考えられる。＊ラジオ書き起こし オードリーの小声トーク六畳一間のトークライブ

（オードリー）〔二〇一〇〕「（若林）「オードリーの小声トーク　六畳一間のトークライブという本のイベントがありまして」（春日）「そうでゴンスな」」▼『日本国語大辞典』（第二版）によれば、「ごんす」は、最初は遊女や遊里《ゆうり》の女性語であったが、近世中期から、相撲取り・侠客《きょうかく》などの男性も使用するようになり、後期は町人などだけではなく国侍なども使用するようになったという。

〔大田垣〕

さ行

さ　さ（助詞）

この項目では、**〈男ことば〉〈少年語〉〈沖縄ことば〉〈田舎ことば〉**で広く用いられる「さ」を取り上げる。

▼終助詞「さ」は**〈男ことば〉**として、自分の考え・主張を持った大人の男性が用いる。対等、もしくは目下の人物に自分の意志や信念を伝えるときに使われ、発話者の精神的な強さや包容力、格好よさ、自立した男性像、異性に媚びない男性像を想起させる。目上の者に向かって用いることはできない。自称詞「**おれ**」とともに用いられることが多い。古くは近世から見られ、男性、特に武士が用いた。男勝りな性格の女性や知性の低い女性が

使用することもある。↓「**あたい**」＊浄瑠璃 **今宮心中**（近松門左衛門）〔一七一一〕「**もふよいはよいは。しなぬ程にしてをけさ**」＊流行歌 **ダイナマイトが百五十屯**（作詞：関沢新一・唄：小林旭）〔一九五八〕「**惚れても無駄さあきらめな　どっこい涙は禁物さ**」▼また、終助詞「さ」は元気のよい男児を印象づける**〈少年語〉**としても使用される。努めて強気にふるまったり、自慢をしたり、格好をつけたりといった、子供には分不相応の背伸びをする少年が用いる。終助詞「**よ**」に比べ、格好のよさ、自立性が感じられる。自称詞「**ぼく**」とともに用いられることが多い。発音する際には上昇調のイントネーションが用いられる。＊マンガ **ドラえもん㊱**（藤子・F・不二雄）〔一九八六〕「（スネ夫）**もらいものばっかりさ。うちのパパえらいから**」▼明るく、陽気な沖縄人像を担う**〈沖縄ことば〉**としては終助詞・間投助詞の「さ」が用いられる。母音を伸ばした「さぁ」の形も見られる。沖縄人の中でも、人と争うのを好まない、あるいは自分の意見を強く主張しない穏やかな人物に多く見られ、てきぱきと用件をこなすしっかり者の使用は少ないという特徴があり、沖縄以外の人を沖縄に誘《いざな》い、受け入れる「癒しキャラ」としての沖縄人像と結びついている（本浜秀彦、二〇一二）。＊ドラマ **ちゅらさん**（脚本：岡田惠和）〔二〇〇一〕「（沖縄・小浜生まれの恵利）**八重山の太陽《てぃだ》に当たっていれば、病気なんか治ってしまうさぁ**」▼一九九〇年代以前の映画やドラマでは使用が少ない。しかし、ドラマ『ちゅらさん』に代表される、「癒し」の物語を扱った一九九〇年代以降の作品では多用されている。これらの「癒し」の物語をきっかけに沖縄を「癒しの島」と見る新たなイメージが形成されていく中で**〈沖縄ことば〉**「さ（さぁ）」は広まり、定着した。一九九五年に沖縄で米兵による少女暴行事件が起こり、その後に沖縄にある普天間基地の返還・移転をめぐる話し合いがもたれたり、沖縄でサミットが行われたりし、また、同年に阪神・淡路大震災や地下鉄サリン事件などが起こり、日本全体が大きな変化にさらされたうえ、その後の景気低迷によって格差社会となり、人々が癒しを求めたという、『ちゅらさん』が放送された前後の政治的・社会的な背景が複雑に絡んで生まれた役割語と言える（本浜秀彦　二〇一二）。▼格助詞の「さ」は**〈田舎ことば〉**として使用され、地方出身者が「場所」を示す際に用いる。特に東北出身者を表現する。標準語の、場所を表す格助詞「に」「へ」に当たるものである。もとは中世頃から見られる東国方言であり、現在でも北関東から東北地方にかけて用いられている。＊マンガ キン肉マン②（ゆでたまご）（一九八〇）「**あんの！　東京さいきてえんだども　はてどっちの方角だベスか？**」▼NHK大河ドラマ『八重の桜』では少女時代のヒロイン八重のせりふにしばしば「鉄砲さ撃づ」という表現が用いられるが、共通語の「を」に当たる位置に「さ」が用いられており、本来の会津方言としては適切ではない。あえて「方言らしさ」を表現するために用いられた「ヴァーチャル方言」と言える（金水敏・田中ゆかり・岡室美奈子　二〇一四）。＊ドラマ 八重の桜・第一回（脚本：山本むつみ）「（少女時代の八重）わたすもあんさまみてーに鉄砲さ撃ってみてー」

［依田］

ざあます

ざあます（動詞）

「ございます」の変化した形で、丁寧の意味を表す補助動詞として用いられる。

▼もともと、江戸末期に、「ざます」や「ざんす」の形をとって遊女の言葉として用いられていた。＊人情本 春色梅児誉美《しゅんしょくうめごよみ》（為永春水《ためながしゅんすい》）（一八三二—三三）「それざますからにくふざんす」「私《わちき》やあ、こんなおみくじは嫌ひざます」＊滑稽本 東海道中膝栗毛（十返舎一九《じっぺんしゃいっく》）（一八〇二—一四）「（倡家の女ども）よふござんした。すぐにお二階へ」▼近世に「ござります」から「ございます」、「ざあます（ざます）」へ転訛したものと考えられている。明治初期の『安愚《あぐ》楽鍋《らなべ》』では、娼妓《おいらん》による使用が見られる。＊滑稽本 安愚楽鍋（仮名垣魯文《かながきろぶん》）（一八七一—七二）「ホンニばからしいわけざますが」「こればかりなはしたがねをもつてかヘツちやアしかられるンざンすヨヲ」＊脚本 桐一葉《きりひとは》（坪内逍遙《しょうよう》）（一八九四—九五）「覚悟しや、証拠になる此の

大和和紀『はいからさんが通る①』14頁
講談社（講談社コミックスデザート）、2002年
Ⓒ大和和紀／講談社

いろ文、取つたが處外でござんすかえ」▼しかし時代が下ると、東京山の手に住む上流階級の婦人たちによる、いわゆる「山の手言葉」〈**奥様ことば**〉の一つとして用いられるようになる。「山の手言葉」には、「ざあます」の他、「**あそばす**」なども同様に、遊女の言葉から取り入れられている。▼文末に「ざあます」を付ける言葉づかいは、「ざあます言葉」と呼ばれるようになり、お金持ちであることをひけらかしたり、気取り屋が自慢したり、相手を見下したりするような場面で用いられることがあった。たとえば、女学校を舞台にした獅子文六の作品『信子』の作中で悪役として狡猾に立ち回る教頭も日頃「ざあます言葉」の使用者として描かれる。たいてい眼鏡をかけた姿で非常に堅苦しい態度の教育者や教育に熱心な教育ママとして登場する女性が「ざあます」「ざます」「ざんす」を用いるのも、このような作品の影響が考えられる。＊小説 **信子**

（獅子文六）〔一九三八―四〇〕「**と、〝ニヤリスト〟はもうニヤリと笑うどころか、お得意の〝ざアます〟言葉も、どこかへ置き忘れて、昂奮している。**」▼現代のフィクションの世界でも「ざあます」「ざます」は同じような性質を持っており、『ドラえもん』の中で主人公のび太に常に自慢する金持ちのスネ夫の母親が代表的な使用者である。また赤塚不二夫のマンガ『おそ松くん』〔一九六二―六七〕に登場するハイカラで気取り屋のイヤミも「ざます」の代表的な使用者で、「ミーざます」のせりふを多用する。＊[マンガ]**ドラえもん①**（藤子・F・不二雄）〔一九七四〕「（スネ夫の母）**スネ夫さん、感心ざます。**」▼普段は「ざあます言葉」を用いていない人物による使用は、オシャレや流行のものと結びついた、気取った場面が多い。＊[マンガ]**サザエさん㊷**（長谷川町子）〔一九九四〕「（サザエ）**ごあんしんなさって　パンティーストッキングざんすから**」▼「ざんす」に接頭語「ご」が付く形の旅人や渡世人の間で用いられる「あっしは～でござんす」の「ござんす」とは、大きくは性別によって発話の担い手が分かれている。

〔藤本〕

さよう ― 左様（形容動詞・感動詞）

相手の言ったことを肯定したり、自分の思い出したことに「そうだ」とうなずいて、話を始めたりするときに用いる。現代の話し言葉では、同義の「そのよう」や「そう」が一般的に用いられるため、「さよう」自体は文語的な表現となっており、相手の言ったことを受ける「さようでございますか」のような敬意のある表現として残っている程度である。

▼江戸時代には、町人なども相手の言葉にうなずく際に用いているが、次第に古めかしい表現となり、権威、威厳を感じさせる言葉づかいとなる。＊［滑稽本］**浮世風呂**（式亭三馬）〔一八〇九―一三〕「（町人の豊）「**コレハいかゞ、モウ芝居かへ。**」（町人の市山）「**アイさやうさ。モシちつと楽屋へ来なせへ。**」」▼「さよう」は、後ろに「さ」などの終助詞を付けて、同輩に対しても用いた形から、次第に目上の者から目下の者に向けてと使用が限定される。フィクションの世界でも、目上の人に対して用いる「さよう」は商人から役人相手に向けての発話「さようでごぜえますか」のような一部の決まった形式でのみ現れるようになり、それ以外は、話し手の威厳を表すものとなる。そのため権威を感じさせる武士の言葉として用いられるようになり、古めかしい言い回しであるということから〈**老人語**〉にも結び

つく。＊俳諧 鶯宿梅《おうしゅくばい》（撰者：冷風）〔一七三〇〕「挨拶も左様しかれば武士と武士」＊歌舞伎 箕《みの》輪《わ》の心中・三段目（岡本綺堂《きどう》）〔一九一一〕「今日かぎり長の暇をつかはすから、左様心得ろ。」

和月伸宏『るろうに剣心①』167頁
集英社（ジャンプコミックス）、1994年
ⓒ和月伸宏／集英社

▼現代のサブカルチャーの世界では、特に、〈**武士ことば**〉として用いられ、この場合にはもともとの意味と比べ、相手に対する敬意は薄まる。＊小説 大菩薩峠（中里介山）〔一九一三―四一〕「（剣士の机竜之介→恋人お浜）「故郷とは？」「…差出の磯はわたしの故郷八幡村から日下部へかかる笛吹川の岸にありまする」「ああ左様《さよう》であったか……」」＊小説 剣客商売・待ち伏せ（池波正太郎）〔一九七二―八九〕「「貴公へ斬りかかった二人のうち、一人は若者と申されたな？」「さよう」」▼また、何かを思い出し、相手に語りかけるという機能から、物語では主人公にとっての指導者的存在にあ

たる老人が多く用い、〈**老人語**〉としての役割を持つようになってきている。＊小説 夜明け前・第一部・下・九・一（島崎藤村）〔一九三二―三五〕「「さやう、さやう」と隠居も思ひ出したやうに……」＊童話 ハリー・ポッターと賢者の石（原作：J・K・ローリング・訳：松岡佑子）〔一九九九〕「「なんですか？」「スネイプの命を救ったんじゃよ」「なんですって？」「さよう……」ダンブルドアは夢見るように話した。」

〔藤本〕

さらば

然有（副詞・接続詞・感動詞）

別れのあいさつを表す言葉。

▼「そうだ」と言う場合の「そう」の意味を持つ指示副詞「さ」と存在を表す動詞「あり」に仮定条件を表す助詞「ば」が付いた形で本来、「それならば」という順接の意の接続詞として機能していた。しかし「さよう（である）ならば」と同様、その短縮形の「さらば」も別れのあいさつとして用いられるようになった。こうした使用は、古くは『後撰和歌集』にまでさかのぼることができる。＊和歌集 **後撰和歌集・離別・一三四一**（伊勢）（九五

一一五三頃）「**さらばよと別れし時にいはませば我も涙におぼほれなまし**」▼現在、フィクションの世界では、その古めかしい印象から**〈老人語〉**の一つに数えられたり、また威厳のある別れのあいさつ言葉として、騎士や武士などが戦闘場面に登場する作品に用いられることが多い（**〈武士ことば〉**）。＊小説 薤露行《かいろこう》・一（夏目漱石）〔一九〇五〕「「**さらば**」**と男は馬の太腹をける**」＊流行歌 宇宙戦艦ヤマト（作詞：阿久悠・唄：ささきいさお）〔一九七四〕「**さらば地球よ　旅立つ船は　宇宙戦艦ヤマト**」▼中世以降、順接より、「そうであるけれども」の意の逆態の確定条件の接続詞としてや、別れのあいさつとしての使用が増える。中世後期では「さらばさらば」と重ねた言い方が多く見られ、さらに近世中期になると、打ち解けた間柄で使用される**〈町人ことば〉**「おさらば」も現れる。近世後期になると別れのあいさつは「さようなら」が一般化して、「さらば」は近代以降、文語的な表現として残る。▼「おさらば」は、現在、「―だ」の形でのみ用いられ、別れのあいさつではなく、「別れる」ことを宣言するような働きを持つ。同様のあいさつ言葉としては他に、「あばよ」なども挙げられるが、これは**〈下町ことば〉**として用いられ、悪ぶった男性が気取って別れのあいさつをする場面で使用されることもある。

［藤本］

しっけい

失敬（形容動詞・サ変動詞語幹）

「失礼」にほぼ相当する表現。他者の非礼をなじったり、自分自身の非礼をわびたりする時に用いる。

▼明治時代の学生（＝書生）の間でよく用いられるようになったことから、やがて、知的な男性や社会的地位の高い男性の用語と認識されるようになった（**〈書生語〉〈上司語〉**）。▼「失敬なやつ」のように形容動詞として用いられるほか、「それは失敬したね」のようにサ変動詞としても用いられ、また、形容動詞の語幹用法として「やあ、失敬失敬」のように軽い謝罪のあいさつ言葉として用いられることがある。＊小説 当世書生気質（坪内逍遙《しょうよう》）（一八八五―八六）「**僕はまた彼処《あそこ》の松の木（の）下へ酔倒れて居たもんだから。前後の事はまるで知らずサ。それやア失敬だつたネヱ**」

［金水］

じぶん

自分 （名詞・代名詞）

主語の人物と同じ対象を指し示す反照代名詞としての用法と、主語としても使える一人称や二人称の代名詞としての用法がある。前者は特に役割語としての特徴を持たない。後者はいくつかの人物像と関係する。

▼「自分」が主語となって話し手自身を指す用法は、軍隊における用法を起源に持つ。旧日本軍（特に陸軍）では、兵卒が上官に話すとき、自分のことを「自分」と呼ぶ。＊エッセー **オレとボク――戦地にて**（池辺良）〔一九九五〕「「じゃあ、しってるじゃねエか」「自分はほんとによくしらないのであります」」▼旧日本軍を扱かった作品は、フィクションでも「自分」が用いられる。また旧日本軍とは直接関係のない架空戦記やSF作品でも、軍隊が出てくると兵卒が上官に向かって「自分」を用いることがある。すなわち、兵卒の言葉の役割語（**〈軍隊語〉**）となっている。＊マンガ **光る風**（山上たつひこ）〔一九七〇〕「（天勝）「おまえ以前にいったことがあったな「大尉殿のためならどんな命令でもいといません！」…と」（船田）「はいもうしあげました」（天勝）「いまでもおなじことがいえるか？」（船田）「もちろんであります。自分は…」」▼戦後は、体育会系のサークルや応援団など、上下関係が厳し

い階級的な組織に受け継がれた。さらに、普通の若者が「**おれ**」という代わりに改まった場面で「自分」を使うことが近年多くなった。ポピュラーカルチャーの作品中では、軍隊的な組織、運動会系サークルの用例が中心となる〈**若者ことば**〉。刑事ドラマ『西部警察』の主人公・大門圭介（渡哲也が演じる）が「自分」を使うことで有名。＊ドラマ **西部警察**（制作：石原プロモーション）〔一九七九―八二〕「（大門圭介）**この東京には、自分たちのような軍団は、まだまだ足りん**」▼一方「自分」が二人称代名詞となる用法は、いくつかの方言で見られるが、特に〈**大阪弁・関西弁**〉と受け取られることが多い。話し手から見て同等かそれ以下の聞き手に対して用いる。ずけずけとしたなれなれしさを感じさせることもある。

＊マンガ **自分まかせは人まかせ**（辻井タカヒロ）〔二〇一一〕「「**自分何するん？**」「**う〜ん…自分**

辻井タカヒロ「自分まかせは人まかせ」
大阪市都市工学情報センター『大阪人』101頁、Vol.65. July 2011
©辻井タカヒロ

は何するん？」」

［金水］

じゃ

じゃ（助動詞）

「だ」「である」に相当する、断定（指定）の助動詞。名詞および形容動詞語幹などに接続し、属性や同一性などの判断を表す。また、動詞・形容詞に「の（ん）」を加えた形に「じゃ」を付加した形も用いられる。

▼室町時代の京都の話し言葉として資料に登場する。その後も、京都・大阪など関西の話し言葉の資料には引き続き用いられる。江戸時代の江戸生まれの人々の言葉では「だ」が用いられることが資料によって知られるようになり、上方（京・大阪）の「じゃ」と対立するようになる（**〈上方ことば〉**）。＊滑稽本 **浮世風呂・二上**（式亭三馬）（一八〇九—一三）「（上方筋の女）（江戸紫の染め物を見て）「**いつから能《よ》う染めてじやなア**」（江戸女のお山さん）「**薄紫といふやうなあんばいでいきだねへ。**」」▼今日では、東日本ではもっぱら「だ」が用いられ、また西日本では、鳥取、島根、九州の一部および琉球を除いて、「じゃ」または「や」が用い

られる。▼役割語としての「じゃ」は、**〈老人語〉**（**〈博士語〉**）が目につく。＊[マンガ]鉄腕アトム①（手塚治虫）〔一九六二〕「（お茶の水博士）親じゃと？　わしはアトムの親がわりになっとるわい！」▼また、方言（**〈田舎ことば〉**）の用例も多い。＊[アニメ]日本昔ばなし・カサ売りお花（演出：前田こうせい）〔一九九三〕「お花は、おとうとおかあのつくったかさを売って歩く、働きものの娘じゃった。」▼大阪弁・関西弁話者が威嚇的に話すときに、「じゃ」を用いることがある（**〈大阪弁・関西弁〉**）。＊[マンガ]じゃりン子チエ②（はるき悦巳）〔一九七九〕「（チエの父テツ）ワシはもう二千八百円もかせいどるんじゃ」▼江戸時代以前の武士、武家や高貴な家柄の女性（お姫様、女王様など）の言葉として現れる場合がある（**〈武士ことば〉〈王様・貴族語〉〈お姫様ことば〉**）。＊[マンガ]伊賀の影丸―外伝―（横山光輝）〔一九七〇〕「こうやってのむ酒はまたかくべつの味じゃ」＊[ドラマ]大奥〜華の乱〜（脚本：浅野妙子・尾崎将也・演出：林徹）〔二〇〇五〕「（桂昌院→柳沢吉保）前々から思うていたことじゃが、上様のお世継が、徳松ぎみお一人というのは、何とも心許ない。」

［金水］

しょくん　諸君（名詞）

複数の話し相手を指し示す二人称代名詞の用法を持つ。また「読者諸君」「代議士の諸君」のように、属性を表す名詞の後ろに付加して二人称または三人称複数代名詞のように用いる用法もある。

▼明治時代の学生言葉である**〈書生語〉**に起源を持つ。日常会話でも使用され、また演説の言葉としてよく用いられた（**〈演説ことば〉**）。＊小説 **当世書生気質**（坪内逍遙《しょうよう》）（一八八五―八六）「**それはそうと。諸君はモウ。不残《みんな》帰つてしまつたのか**」▼今日の作品では、会社の重役や大学の教授など、地位や知識のある男性の用語として現れることが多い（**〈上司語〉**）。＊小説 **新橋烏森口青春編・八**（椎名誠）（一九八七）「（ハットの鎌田と呼ばれる男）（会社の朝礼で）**この頃残業をやっていく諸君の中に、ガス湯沸器の火をつけたまま帰ってしまう人がいる。**」▼また庄司陽子のマンガ『生徒諸君！』（一九七七～八五年、『週刊少女フレンド』に掲載。小泉今日子主演で映画化もされた）のように、キャンパス用語として用いられる用例もある。この場合は女子学生が用いる場合もある。

［金水］

すんまへん

済んまへん（連語）

相手に謝罪・呼びかけの気持ちを表すときに用いる言葉。「すみません」。▼動詞「済む」の丁寧形「済みます」に打ち消しの「へん」が付いた形。京都、大阪など関西で広く用いられる（**〈大阪弁・関西弁〉**）。＊落語 米朝落語全集・けんげしゃ茶屋（桂米朝）（一九八二）「（幇間《ほうかん》の繁八）すんまへん、旦さん、ちょっと御免を」

［金水］

ぜ

ぜ（終助詞）

文末に用い、きざな性格や粋がった人物像を担う言葉。主に男性が用いる（**〈男ことば〉**）。▼終助詞「ぞ」に終助詞「え」の付いた「ぞえ」から「ぜえ」を経て成立した。もともとは江戸時代に成立した男女両用の言葉であったが、その頃からすでに男性語化がうかがえる。同様の意味を持つ終助詞「**ぞ**」「**よ**」に比べ、俗っぽく、粋な、あるいは柄の悪い印象がある。一人称「**ぼく**」とは共起しにくい点も「ぞ」「よ」と異なる。聞き手への働きかけの強さは「ぞ」に比べると軽く、働きかけに応じるか否かは聞き手の判断に委ねられる。

＊マンガ **キン肉マン①**（ゆでたまご）〔一九八〇〕「（ザ・テリーマン→キン肉マン）**ユーの口からそんなことばがでると思わなかったぜ！**」＊マンガ **巨人の星⑪**（原作：梶原一騎・漫画：川崎のぼる）〔一九六六―七一〕「（暴力団員→女番長）**ええかっこは最後までつづけなよ　へんにあがくとほかの指まで二　三本まきぞえってことになるぜ！**」▼時代物の作品では、終助詞「ぞ」が戦国時代の武将、江戸幕府の老中など、威厳のある人物像を担うのに対し、「ぜ」は江戸の粋な庶民を印象づける（**〈江戸ことば〉**）。＊映画 **必殺！THE HISSATSU**（監督：貞永方久）〔一九八四〕「（下級役人の中村主水→仕事人仲間）**どう見ても、こらあ、堅気の世界の殺しじゃねえぜ。**」▼丁寧語「です」「ます」のあとに付け、江戸の庶民層の男性や、ギャングのようなアウトロー集団の中で下っ端にある男性が、目上の者（親分、客など）に対して用いることもある。特に、悪巧みや裏稼業に手を染めている男性を想起させる（**〈やくざことば〉**）。否定の文脈では「ませんぜ」となる。＊ドラマ **暴れん坊将軍Ⅲ・第一二七話**（脚本：藤井邦夫）〔一九九〇〕「（若い衆→め組の頭）**頭**《かしら》**、巳之吉**《みのきち》**を連れて来やしたぜ**」▼丁寧語「です」「ます」に付く形が江戸の小悪党や、現代のチンピラ・密売組織といったアウトサイダーのイメージと結びつくようになるのは昭和に入ってからである。それまでは、江戸時代以降、江戸っ子

や東京の下町の男性を表す言葉として使用されていた（**〈下町ことば〉**）。喜劇俳優の古川緑《ろっ》波《ぱ》の日記には当時の若いギャングの言葉として綴られている。＊[記録] **古川ロッパ昭和日記・戦前篇**（昭和九年―昭和一五年）（古川ロッパ）〔一九三四年九月七日付〕「**歩いてると、「上原の舎弟」と称する若いギャングが「ちとノサばってるって評判ですぜ」、凄味がゝって脅かさうとした。おどされちゃ一文も出さない。**」▼現代では、誰かをそそのかす場面で丁寧語とともに用い、現代人が突如、江戸時代の小悪党であるかのように振る舞うことがある。その場合、二人称の「だんな（旦那）」とあわせて用いられることが多い。↓「**だんな**」＊[マンガ] **きみはペット④**（小川彌生）〔二〇〇二〕「（ダンサー→会社員）**酔わせりゃイチコロですぜダンナ**」

［依田］

せっしゃ ― 拙者 （代名詞）

話し手自身のことをへりくだって呼ぶ一人称代名詞。

▼主に、**〈武士ことば〉**として広く知られている。＊[落語] **敵討ち屋**（作者不詳）〔一九八五〕「「**お**

お、そこもとは飽沢源内《あくさわげんない》殿ではないか……」「なに拙者の姓名を知るそこもとは……」」▼**〈忍者ことば〉**として用いられる場合もある。現実の忍者の言葉づかいは記録には残っていない。想像するに、忍者は普通町人の姿で活動をするもので、武士言葉を用いることは考えにくいのであるが、一九六〇年代以降、藤子不二雄Ⓐのマンガ『忍者ハットリくん』などの作品の影響により、忍者の言葉づかいが**〈武士ことば〉**と同じものと捉えられる傾向がでてきた。＊[マンガ] 忍者ハットリくん①（藤子不二雄Ⓐ）（一九六四）「（ハットリくん）「せっしゃ　ハットリカンゾウと申す」（ケン一）「ははっ　ぼくはケン一でござる」

［金水］

ぜよ

ぜよ　（助詞）

文末の動詞・助動詞・形容詞の終止形、名詞などの後に付く言葉。男性性を感じさせる自称詞「**おれ**」「**わし**」とともに用いられることが多い。▼もとは土佐で用いられる方言で、幕末の土佐藩郷侍である坂本竜馬に代表される、高知県出身で豪快、行動力があり、好奇心旺盛な熱い男性を想起させる（**〈土佐弁〉**）。＊

村上もとか『JIN－仁－⑫』184頁
集英社（ジャンプコミックスデラックス）、2008年
Ⓒ村上もとか／集英社

マンガ　おーい！竜馬⑥（原作：武田鉄矢）（一九八九）「（土佐郷士→竜馬）坂本先生（中略）長いとかいっぱいとかじゃ……わしらにわからんぜよ……もっと、うまう説明してくれんかの……」＊マンガ　ＪＩＮ―仁―⑫（村上もとか）（二〇〇八）「（竜馬→取次の者）こじゃんと待たせちょるき　こっちから来たぜよ！」▼「ぜよ」は他の役割語と異なり、特定の社会階層よりも、土佐藩出身の坂本竜馬という個人との結びつきでイメージされやすい。田中ゆかり（二〇一二）によると、坂本竜馬を取り上げた文学作品は明治時代から見られるが、坂本竜馬が土佐弁と結びついたヒーローとして描かれるのはごく最近になってからのことであり、司馬遼太郎の時代小説『竜馬がゆく』（一九六二―六六）が始まりであると見られる。それを原作とする一九六八年のＮＨＫ大河ドラマ『竜馬がゆく』で土佐弁が映像と音声に乗せてお茶の間に届けられたことで、坂本竜馬は土佐弁を使う「方言ヒーロー」として定着した。その背景には、当時の高度経済成長を支えた上京青年たちが、地方から単身江戸に乗り込ん

だ「方言ヒーロー」である坂本竜馬の活躍に自分の姿を重ね、熱く支持したであろうことが挙げられる。＊［小説］竜馬がゆく（司馬遼太郎）〔一九六二―六六〕**「なおらんぜよ。それで訊くが、鴨川はどっちにあたる」**▼最近では、高知や土佐に何の縁もない人物（場合によっては女性）が、何かの決断をする場面などで突如「ぜよ」を用い、熱く、意欲に燃える人物像を繰り出す現象が多く見られる。これは「ぜよ」を用いた「方言コスプレ」（田中ゆかり 二〇〇七）である。＊［ドラマ］あまちゃん・第一一一回（脚本：宮藤官九郎）〔二〇一三〕「（天野アキ）（心の中の声）**何しろオラぁアイドル。恋愛は御法度…**（中略）**じゃねえ！ GMTをクビになった今、オラを縛るものは国の法律以外に何もねえ、恋愛御法度解禁！ 鎖国は終わった、開国ぜよ、夜明けが来たぜよ！**」

〔依田〕

ぞ

―ぞ（助詞）

文末の動詞・形容詞・助動詞「だ」などの後に付き、発話者に威厳や強い指揮権、男性性を印象づける言葉。

▼文末にあって聞き手に強く働きかける。同様の意味を持つ終助詞「**ぜ**」「**よ**」に比べ、聞き手に対する強制力が強い。男性語的性格を持つが、集団を統率する人物や気性が強く頼りがいのある人物など、女性も用いる**〈男ことば〉〈権力者語〉**）。＊アニメ 風の谷のナウシカ（監督：宮崎駿）〔一九八四〕「（皇女・軍人のクシャナ→人質）**どうだ、決心はついたか。降伏を勧めに行くなら、放してやるぞ**」＊マンガ ONE PIECE ㊵（尾田栄一郎）〔二〇〇五〕「（海賊団長ルフィー）**お前はもう…おれについて来れねェぞ…**」▼サブカルチャーでは時代劇や戦国武将ゲームなどの時代物作品に特徴的である**〈武士ことば〉**）。男性の使用が大半であるが、女性の使用も見られる。＊ドラマ 大奥〜第一章〜・第三話（脚本：浅野妙子）〔二〇〇四〕「（将軍の生母お江与）**おのれ、このままでは終わらせぬ。いつか思い知らせてくれようぞ！**」＊マンガ とりかえ・ばや①（さいとうちほ）〔二〇一三〕「（権大納言→妻）**私《わたし》は父親ぞ**」▼丁寧語「です」「ます」の後ろに付け、自分よりも年下の主《あるじ》や見ず知らずの旅人といった、心的距離を取るべき相手に知恵を授けたり、注意喚起を促したりする年配者を想起させることもある。中でも、江戸幕府の最重要職として将軍の側に仕え、将軍に諫言《かんげん》をする白髪頭をした年配の武家「御側御用取次《おそばごようとりつぎ》」による使用が典型的である。御側御用取次のことをドラマ『暴れん坊将軍』の中で将軍吉宗が「じい」と呼ぶことからうかがえるように、**〈じい語〉**とも呼べる役割語となっている。＊アニメ 風の谷のナウシカ（監督：宮崎駿）〔一九八四〕「（ゴル〔城に

仕えるおじいさん」↓少女ナウシカ）ええい、行きますぞ」＊ドラマ 暴れん坊将軍Ⅲ・第一一八話（脚本：山田隆之、富田静）〔一九九〇〕「（じい↓吉宗）上様ともあろう方が（中略）刑場破りとは、これは前代未聞の所業でございますぞ」▼最近では、丁寧語「です」「ます」の後ろに付く形は「オタク」のイメージも想起させる。助動詞「ござる」や一人称代名詞「せっしゃ（拙者）」などの武家を担う言葉とともに用いられる。↓「おたく」＊マンガ 渋谷のあばれ馬②（みかわ咲）〔二〇〇四〕「（マサト〔オタク〕↓妹）拙者は今の自分を気に入ってますぞ」＊マンガ バリハケン②（鈴木信也）〔二〇〇八〕「（御手洗団吾〔実はオタクである番長〕↓オタク仲間）「聞いたでござるか萌えキュン♡まあがりんに火をつけアニメンタルを爆破するなぞ…これは犯罪予告ですぞ!!」

〔依田〕

それがし ― 某（代名詞）

一人称を表す言葉。「わたくし」の意。
▼元来、不定の人物を指し示す代名詞で「なにがし」と同義であったが、話し手自身また

は話し相手を指し示す人称代名詞に転じた。▼中世から用いられているが、近世に入ると古風な語として武士が用いるようになった。役割語としてはもっぱら〈**武士ことば**〉として使用されている。＊小説 剣客商売・井関道場・四天王（池波正太郎）〔一九七二―八九〕「佐々木先生、老骨ながらそれがしを、今日より門人の列にお加え下され」

〔金水〕

た行

だ

だ　（助詞）

田舎者のキャラクターが使う言葉。

▼共通語の「だ」は名詞に接続する助動詞として用いられるが、この「だ」は、名詞だけでなく「おら、東京さ行くだ」のように活用語全般に接続するという特徴を持つ。このような「だ」は、もともとは、東日本、特に東北地方を中心に用いられている方言である（〈田舎ことば〉）。特に東日本の方言が「田舎者」の言葉として認識された背景には、江戸時代においてこの地域が江戸にとっての最も身近な田舎であったことが影響している。＊

マンガ DRAGON BALL ①（鳥山明）〔一九八五〕「（牛魔王）おめえたず　こっだらとごで　なに

鳥山明『DRAGON BALL完全版①』174頁
集英社（ジャンプコミックス）、2002年
©バードスタジオ／集英社

すてるだ?」▼この「だ」を、いわゆる**〈田舎ことば〉**として使用した例は、すでに江戸時代の『浮世風呂』に見られる。次の用例は「田舎出の下男・三助」のせりふである。＊

滑稽本 浮世風呂（式亭三馬）〔一八〇九―一三〕「半分薯蕷《やまのよも》だ物《もん》が、がら、鰻《うなぎい》なつたもんだから、あつちイぬたくり、こつちイのたくり、抓《つかむ》べいとしても、指《よび》の股《また》さ、ぬるぬるぬるぬるかん出《でへ》て、によろヲりによろヲり鰻《うなぎい》のぼりイするだア。」▼田舎者のキャラクターは、時に嘲笑の対象であったり、無教養ぶりを表現したり、社会的階層の低さを表す対象ともなる。明治時代における翻訳小説では、特に黒人の話者に対してこのような**〈田舎ことば〉**が多く使用されている。↓「**べえ**」

［岩田］

だす

だす（助動詞）

断定を表す助動詞の丁寧形。「でございます」に相当する。▼「名詞＋だす」「そう＋だす」「動詞・形容詞＋の＋だす」などの形で用いる。疑問の形は「だっか」、訴えかけの形は「だっせ」「だんねん」、推量は「だっしゃろ」など。**〈大阪弁〉**の代表的な表現である。＊落語 **米朝落語全集・地獄八景亡者戯《もうじゃのたわむれ》**（桂米朝）〔一九八一〕**「で、その学生さんな、赤鬼さん、ずっと雷の五郎八つぁんとこで夕立の水汲みに雇われ**

て、やってはりましたんやけど、あら夏場だけの仕事だっしゃろ」▼「おます」と並んで、いわゆる「こてこての大阪弁」の典型的な形式。＊[マンガ] じゃりン子チエ⑤（はるき悦巳）〔一九八〇〕「（チエの祖母）（チエにけんかをけしかけられて）チエ　あんたまさかわたいをのせて…ゆうとくけど相手　警察だっせ」▼「～でございます」の形が「～でおます」に変化し、さらに「～だす」となった。〈京ことば〉の「～どす」と地域的に対立する。大阪では「～だす」がさらに短縮されて「～だ」となることもある。＊[マンガ] ナニワ金融道①（青木雄二）〔一九九〇―九二〕「（貸金業者同士の会話）どないだ　ワシやったら取る自信おまっせ」

［金水］

たまえ　給え（動詞）

「与える」の意味の動詞「たまう」の命令形で、他の動詞の連用形に続けて「～して下さい」の意味を表す。

▼本来、「たまう」は動詞を補助する働きを持ち、動作の主体を尊敬する意を表していたが、江戸時代後期には敬意が下がり、同輩かそれより下位の人物に対し、用いられるよう

になった。尊敬の意味の薄れにともない、次第に命令形「たまえ」の使用に限られていったと見られる。ただしこの「たまえ」の形にも、「与えたまえ」や「恵みたまえ」「導きたまえ」など神に対して恩恵を求めるような一部、尊敬の意味を残した用い方が認められる。＊[脚本] **出家とその弟子**（倉田百三）〔一九一七〕「（親鸞）**これ以上のことは人間の領分を超えるのだ。お前もただ祈れ。縁あらば二人を結びたまえとな。**」▼このような中、命令形「たまえ」の典型的な使用者として現れたのは、明治期の学生「書生」である。「たまえ」は**〈書生語〉**の一つとして、「**ぼく**」などとともに用いられるようになる。＊[小説] **吾輩は猫である**（夏目漱石）〔一九〇五―〇六〕「**うむ。どんな事かね。さあ話し玉え**」▼やがて、知識層男性という枠の中で、成年男性だけでなく、学校に通う少年たちの間にも使用が広がる。＊[小説] **ああ玉杯に花うけて**（佐藤紅緑）〔一九二八〕「**此の次の日曜にね、僕の誕生日だから、昼からでも……晩からでも遊びに来てくれ給えね**」▼軽い敬意を払いつつも、同輩、または年下の者に対する命令として用いられるようになった「たまえ」は、さらに博士や政治家、学者といった学識ある立場の人物の言葉として用いられるようになる（**〈上司語〉**）。＊[小説] **宇宙女囚**（海野十三）〔一九三八〕「**そういって博士は、戸棚の上から、一束の青写真をおろし、テーブルの上にひろげてみせた。「これを見たまえ。これがこの室にある立体分解電子機と、もう一つ立体組成電子機の縮図だ。」**」▼一方、**〈書生語〉**を引き継いだ少年たちの間では、「たまえ」は「ぼく」「きみ」と異なり、次第に姿を消していく。ただし一部、上層階級意識が強く戯画的に誇張して描かれる少年に使われる例は確認できる。これはその少年が多数の少年仲間の中で優位に立つために、または優位に立つ者として描かれるために用いられると考えられ、実社会での上司から部下への言葉（〈上司語〉）からの影響と見られる。＊アニメ ちびまる子ちゃん・花輪邸ついに公開（原作：さくらももこ）〔一九九二〕「（花輪くん）さあ、入ってくれたまえ」▼〈上司語〉としての「たまえ」は一九五〇年代頃の会社を舞台にした小説・マンガの中などからよく見られるようになる。一九七〇年代頃までは年齢が三〇代以下の主人公を含む登場人物に使用例が確認されていたが、一九八〇年代頃を境に、作品中に上司という立場で登場する、中高年層の人物に限って用いられるようになる。小説では実際の使用状況に合わせて「〜してくれ」といった表現で描かれることが多いが、マンガやテレビドラマなど、戯画的側面の強い媒体になると、小説中と同じ登場人物であっても「たまえ」を用いて描かれることがある。＊小説 三等重役（源氏鶏太）〔一九五二〕「（若原〔三〇代社員〕→部下）覚えとき給え」

〔藤本〕

だんな・だんなさま ―― 旦那（様） （名詞）

自分の主人を指し示し、また呼びかける言葉。

▼もともと、サンスクリット語で「布施」を表す「ダーナ」を音訳した語であり、「檀那」とも書く。施主、すなわち布施をして寺院を支える人のことを指すが、転じて、自分の主人のことを指す語となった。▼時代や使用者によってかなりニュアンスが異なる。江戸時代や第二次世界大戦前などで、妻や使用人が一家の長である男性を指す場合は「旦那様」となる**〈江戸ことば〉〈上方ことば〉**など）。よその家の主人を「旦那様」と言ったり、自分の夫をおどけて「旦那」「旦那様」と言うこともある。＊小説 冬の旅　別れ霜（立原正秋）〔一九六八―六九〕「**澄江は、つる子と自分しかいないのに、慌てて周りを見まわし、つる子を咎めた。「私、修一郎さんがあまり好きではありません」「つるちゃん、旦那さまの前でそんなことを言わないでちょうだいね」**」▼江戸時代の町人、あるいは近代の品の良くない商売人、客引きなどが自分より金を持っていそうな人に向かって「旦那」と呼びかけることがある（**〈江戸ことば〉**）。例「右や左のだんなさま」（乞食の口上）「ちょいとだんな」（客引き女のかけ声）。▼メイド喫茶の女性店員が、男性客に対して「だんなさま」と呼び

かけることもあるが、この状況では「**ご主人さま**」のほうが一般的であろう。
［金水］

ちゃう
―― 違う（動詞）

「違う」の変化したもの。「ちがわへん（ちゃわへん）」「ちゃいます」「ちごた（ちゃった）」「ちゃうかった」のように変化する。「ちゃうで」（＝違うよ）の場合、「ちゃんで」とさらに変化することもある。

▼一九九三年八月六日に放送された、バラエティ番組『探偵！ ナイトスクープ』の「大阪弁講座」で取り上げられた「ちゃう」が有名である（『探偵！ ナイトスクープ』DVD第8巻に収録）。 ＊バラエティ番組 **探偵！ ナイトスクープ・大阪弁講座**（プロデューサー：栗田正和）（一九九三）「Ⓐ「あれ、チャウチャウちゃう？（あれ、チャウチャウじゃない？）」Ⓑ「ええ、ちゃうちゃう（ええ、違う違う）。チャウチャウちゃうんちゃう？（チャウチャウではないんじゃない？）」Ⓐ「ええ、チャウチャウちゃう？（ええ、チャウチャウじゃない？）」Ⓑ「ちゃうちゃう（違う違う）。」Ⓐ「ええ、チャウチャウやって（ええ、チャウチャウだって）。」」 ▼フィクションの世

中原アヤ『ラブ☆コン③』9頁
集英社（マーガレットコミックス）、2002年
©中原アヤ／集英社

界では、関西を舞台にした作品や関西人キャラクターのせりふに多用される（〈**大阪弁・関西弁**〉）。次は、大阪の高校を舞台にしたマンガに現れる女子高生の会話である。＊マンガ ラブ☆コン①（中原アヤ）（二〇〇二）「んもー 何やかんや言うてリサ やっぱり 大谷くんのこと好きやったんや〜ん」「ちゃうねん!!」「でも手ーつないでたんやろ?」「ちゃうねん それは!!」「何がちゃうの」「と とにかく ちゃうねん!!」

［廣坂］

つかわす

遣わす（動詞）

「やる」「与える」の意味の動詞。

▼動詞テ形に接続して「〜してやる」という、主語の動作によって動作の相手に恩恵を与える意味の表現を作る。基本的に、目上の主語から目下の相手に対する授受または動作の場合に用いる。役割語としては、もっぱら武士や古代の王族・貴族などが話し手となって、目下の者に対して行う自分自身の行為・動作を表す場合が多い（**〈武士ことば〉〈王様・貴族語〉**など）。＊落語 万病円（作者不詳）〔一九八五〕「（風呂屋の番頭に「あなたのせいで客が帰った」と言われた武士が）しからば、その者らを呼び集めるがよい、湯銭を持ち帰るとはふらちきわまる、身共より厳しく申しきかえてつかわす」

［金水］

っす —— っす （助動詞）

丁寧語「です」「ます」に相当する助動詞。名詞、形容詞、形容動詞の語幹、動詞の終止形・過去形、あいさつ言葉に接続する。単に「す」と表記されることもある。▼東北方言話者を表現する**〈田舎ことば〉**。格助詞「**さ**」や助動詞「べ（い）」など、東日本方言に特徴的な言葉とともに用いられ、代表的な話者にドラマ『おしん』のヒロインが挙げられる。『朝日新聞』東京朝刊（一九七六年五月二四日）家庭面の記事に「ナマっても気にしねっす」との見出しが見える。この記事は、NHK朝の連続テレビ小説で用いられる秋田弁が話題となって方言に対する人々の意識が変化してきていることを、秋田弁話者へのインタビューなどを通して報じている。このことから、当時、「っす」が秋田弁らしい表現として共有されていたことがうかがえる。＊[小説]吉里吉里人（井上ひさし）（一九七三―七四／七八―八〇）「（東北人のトラキチ東郷）**俺達百姓《おらだづひやぐぞー》は怒《ごせをやい》って居《え》るっす**」＊[ドラマ]おしん・第二八回（原作：橋田壽賀子）（一九八三）「（奉公人おしん）**しかたねえっす。おれ、小作の子だから。んでも、勉強など、学校さ行けねくたってできるっす**」▼肉体労働の場や学校の部活動、不良集団などの序列社会の中で、下っ端・後輩格にある未熟な若者を想起させる**〈若者ことば〉**

としても使用される。心的距離の近い目上の者に対して用いる。若者・後輩格を担う「(っ)す」は早くは一九六〇年代後半の作品から見られ、マンガ『サザエさん』のうち、「昭和四二年(一九六七)以降に新聞掲載されたものから「ソースカ」など「ス」が出てくる。また、サトウサンペイの『フジ三太郎』でも『サザエさん』より早く昭和四一年(一九六六)に出てくる」(倉持益子 二〇〇九)。＊マンガ **フジ三太郎**(サトウサンペイ)〔一九六六〕「(会社員↓僧侶)**ていねいにやっていいスよ**」＊マンガ **ブラック・エンジェルズ①**(平松伸二)〔一九八二〕「(剣道部員↓主将)**そ　そんな～**(中略)**高校チャンピオンの主将にかなうわけないっスよ!**」

▼助動詞「です」の「変異体(バリアント)」(定延利之 二〇〇七)であり、「で」が「っ」に置き換わった形であると考えられる。また、「っす」は動詞に抵抗なく接続できる点で「です」とは異なる性質を持っており、汎用性が高い。

〔依田〕

て

て(助詞)

動詞の後ろに付けてニュアンスを伝える接続助詞の一種。この項では、**〈女学生ことば〉**

〈お嬢様ことば〉などで文末に用いられる「て」を扱う。
▼動詞、助動詞、形容詞の連用形に「て」を付けた形で、平叙文の場合はさらに終助詞「よ」を添えて「〜てよ」の形にすることが多い。疑問文の場合は、「て」で止めて文末を軽い上昇イントネーションで終わるのが普通。▼明治時代、新たに国家主導で女学校が作られたが、その女学校の生徒たちの中から「女学生言葉」あるいは「てよだわ言葉」と呼ばれる話し方が発生した。この項目で扱う「て」はまさしく「てよだわ」の「てよ」を構成する「て」である。＊小説 **吾輩は猫である**（夏目漱石）〔一九〇五—〇六〕「（女学生の雪江）あらいやだ。**よくってよ。知らないわ**」▼女学生言葉は東京を中心に次第に若い女性から壮年女性へと広まっていき、一般的な「女言葉」と認識されるようになった（**〈女ことば〉**）。しかし戦後は使用が減少した模様で、一九八〇年代以降は作品中ではもっぱら戯画的なキャラクターの使用に限られていった。＊マンガ **エースをねらえ！①**（山本鈴美香）〔一九七三〕「（お蝶［お金持ちの令嬢］）**きょうはずいぶんポーズがくずれていたようね　おうちにかえったら鏡の前でくふうしなさい　欠点がよく分かってよ**」

［金水］

で　で（終助詞）

〈大阪弁・関西弁〉で、動詞・助動詞・形容詞の後ろに付加して用い、相手に訴えかけるニュアンスを加える。

▼共通語の「**よ**」または「**ぞ**」に当たる文末形式。「行くで」「あったで」「おもろいで」「堪忍やで」など。＊落語 **米朝落語全集・崇徳院**（桂米朝）〔一九八一〕「いけまへんで。ええ若いもんがキナキナ思いごとして寝てるてな、そんな今時はやらん」

〔金水〕

であります　であります（連語）

名詞・形容動詞・副詞などに付き、丁寧語として働く言葉。

▼軍隊の構成員であることを示す場合、階級の低い者が上の者に向かって用いる（**〈軍隊語〉**）。＊マンガ **鋼の錬金術師③**（荒川弘）〔二〇〇二〕「**こちらが鋼の錬金術師殿であります**

か」▼もとは連語「**である**」の丁寧体。明治時代にはさまざまなジャンルの文章で用いられたが、次第に同様の丁寧体「です」に取って代わられた。そのため、「である」の丁寧体の中でもより格式ばった表現とみなされるようになり、結果として軍隊という特殊な場で用いる言葉、さらには**〈軍隊語〉**に結びついたと考えられる（衣畑智秀・楊昌洙 二〇〇七）。＊[小説] **火薬庫**（岡本綺堂《きどう》）（一九二二）「**そうであります。わたしも確かに見ました**」＊[ドラマ] **ウルトラマン・第一三話**（脚本：金城哲夫）（一九六六）「（科学特捜隊イデ隊員↓隊長）**イデは科学特捜隊の隊員として失格であります。今日限り退職します。**」▼現代の作品では、「である」の丁寧体の枠を超え、動詞の終止形やあいさつ言葉にも抵抗なく接続する例が見られる。＊[マンガ] **ケロロ軍曹①**（吉崎観音）（一九九九）「**冬樹殿!! 紹介するであります!! こいつは**（中略）**タママ二等兵であります!!**」＊[マンガ] **ケロロ軍曹①**（吉崎観音）（一九九九）「**おはようであります!!**」

［依田］

である

である（連語）

名詞・形容詞語幹および名詞相当語句について断定を表す形式。

▼尾崎紅葉の小説『多情多恨』（一八九六）で文体として完成したとされる「である」は、近世期には講義物や説教物に用いられており、その起源は諸説ある。現在では書き言葉としては残っているが、話し言葉からは姿を消している。＊小説 多情多恨（尾崎紅葉）（一八九六）「**柳之助は少しも不足に思はぬのみか、それが女子《をんな》の性《つね》と信じてゐたのである。**」▼夏目漱石の『吾輩は猫である』での使用に代表されるように、明治期、学生の言葉である〈**書生語**〉として「**ぼく**」などとともに用いられた。＊小説 吾輩は猫である（夏目漱石）（一九〇五―〇六）「（書生の寒月）**色々調べて見ましたが鼻の起源はどうも確《しか》と分りません。第一の不審は、もし之を実用上の道具と仮定すれば穴が二つで沢山である。何もこんなに横かぜに真中から突き出して見る必要がないのである。所がどうして段々御覧の如く斯様《かよう》にせり出して参つたか**」▼発話に威厳を加えるためにも用いられた「である」は明治から昭和にかけて演説によく見られる（〈**演説ことば**〉）。またここから発展した「**であります**」は、〈**軍隊語**〉としても用いられた。〈**軍隊語**〉としては、「～があります」「～であるんであります」

のような「である」に「ます」を加えた形が用いられるようになり、会社員の生活を軍隊ふうに描いた作品にも使用が見られる。＊[演説]国防の真髄・現代名演説集・雄弁新年号（第一九巻第一号）附録「（参謀本部第一部長陸軍中将の荒木貞夫）国情を異にして居るからであります。恰《あたか》も蜂と蟻と蝶と蛛とが其防護の方法を異にして居ると同じである。」＊[小説]恋愛戦線異状なし（尖端軟派文学研究会）〔一九三二〕「一人は課長の鈴木策太郎であるンである。……要するに一日二圓六十六銭が我輩の労働に対する報酬であるンである」▼「〜するのである」のような動詞に「である」が付く形は、話者の物言いが強いこと、断言していることを伝える。また言い切り口調で話すことの多い職業を想起させ、フィクションの世界では、博士や政治家などの人物像と結びつき、形骸化した表現になっているものも見られる（**〈博士語〉**）。▼「である」の丁寧体「です」には、「〜するです」や「〜ですです」など断定の意から離れ、キャラクター独自の文末表現としての使用も見られる。＊[マンガ]ローゼンメイデン②（PEACH-PIT）〔二〇〇三〕「（翠星石）下等動物にもわかるよう簡単な言葉で言ってやったです　その寝ぐらに潜って出てくるなよです」

［藤本］

ですな

ですな　（連語）

「ですな」は丁寧語の断定辞「です」に終助詞「な」が結びついた文末形式である。類語として「ですなあ」「ですかな」「ですぞ」などがある。

▼役割語として「ですな」が象徴する人物像は「おじさん」である（**〈おじさん語〉**）。尾崎喜光（二〇〇九）によれば、「ですな」は「です」という丁寧な表現と、「な」というぞんざいさや日常性を示す表現が結びついた〈隔てて近づく〉表現であるという。「ですな」は、ある程度立場が上である人物でなければ使用できない（四〇代以降に使用されるようになるという）ことから、中高年を象徴する形式になったと言える。▼役割語としての「ですな」を使用するキャラクターには、一般人を取り締まる警官がいる。＊アニメ ルパン三世 PartIII・第二一話（原作：モンキー・パンチ）（一九八四）「（銭形警部）**よくは分からんがまことに神秘的ですなぁ〜**」▼この他にも探偵や、軍人、政治家、官僚・役人などの役職についているキャラクターや、文化人による使用が挙げられる。また、ヒゲをたくわえていたり、中肉中背または肥満体型といった身体的特徴を持つキャラクターが、威厳や頑固さ、高慢さ、時に安堵や嘆息や羨望を表すために「ですな」を使用する傾向がある。＊アニメ 風の谷の

ナウシカ（監督：宮崎駿）〔一九八四〕「（クロトワ参謀）ガンシップは厄介ですなあ。今のうちに一当てやりますか？」＊脚本 ひょっこりひょうたん島（井上ひさし、山元護久）〔一九六四―六九〕「（ドン・ガバチョ［大統領］）おお、サンデー先生、おお、ご無事で……よかったですな」＊マンガ 帰ッテキタせぇるすまん②（藤子不二雄Ⓐ）〔二〇〇四〕「（喪黒福造）やれやれ悪いことをしてしまいました……やっぱりあの人は途中下車すべきじゃなかったようですな ホーッホッホッホッ」▼視聴者参加型バラエティ『探偵ナイトスクープ』の番組冒頭で探偵役として長年出演していた落語家の桂小枝は「しかしまあなんですなあ」という定型表現を習慣的に使用していた。これも**〈おじさん語〉**としての使用の一例と言えよう。▼また、「ですな」は立場が下の人物から、上にある人物に向けて使用されることもある。この場合の「ですな」の使用は、目上の人間に対して、ひょうきんさや冗談めいた雰囲気をつくりだしたり、当該のキャラクターが元来持っている頑固さを保存するために使用していると考えられる。＊エッセー 現代とは？（坂口安吾）〔一九四八〕「「Xなんて作家つまらんですな」「君読んだのかい」「いいえ、みんなそう言ってますよ」」▼相手を非難するときにも「ですな」が使用されることがある。＊マンガ 美味しんぼ⑤（雁屋哲）〔一九八六〕「（板山社長）あんた、一言多い性格ですな」

［大田垣］

でっか — でっか （連語）

「です」に疑問の終助詞「か」が接続した形「ですか」が変化した形式。▼主に、同様の機能を持つ「だっか」とともに、〈**大阪弁・関西弁**〉として用いられる。＊マンガ **じゃりン子チエ⑤**（はるき悦巳）〔一九八〇〕「（チエの祖母↓カルメラ屋）**正月から仕事でっか　精が出まんな**」▼今日、現実にこの形式を用いるのは年配の話者に限られるが、芸人の言葉を通じて全国的に知られるようになった。特に明石家さんまがこの表現をよく用いるところから、彼が司会を務める番組のタイトル「ほんまでっかTV」にも採用されるところとなった。いわゆる「コテコテ大阪弁」の一つである。＊翻訳 **コテコテ大阪弁訳「聖書」**（ナニワ太郎&大阪弁訳聖書推進委員会）「**お弟子はんらは、イエスはんに近寄って、「なんで、あん人らに譬えで話をしやはるんでっか」と言うた。**」

〔金水〕

てやんでぇ

てやんでぇ　（感動詞）

「何を言ってやがるんだい」の後半がなまってできた言葉。「てやがるんだい」↓「てやがんでぇ」↓「てやんでぇ」。フィクションの世界では江戸っ子、あるいは職人などのキャラクターが使う言葉として知られる〈**江戸ことば**〉〈**下町ことば**〉。

▼江戸っ子や職人の気の短さを表す言葉で、相手の発言に対して、勢いよく言い返す、あるいは、単に（相手の発言がなくても）怒りなどを表す感動詞として用いられることもある。「てやんでぇ」とともにしばしば使われる言葉として「べらぼうめ」がある。いわゆる「べらんめえ調」の代表的な言葉である。＊ゲーム モンスターハンター3G（カプコン）（二〇一二）「（加工屋の竜職人）**てやんでえ、べらぼうめ！　しょうがねえ、イチから話してやるから、耳をかっぽじってよく聞けよ！**」▼また、特に江戸っ子や職人という設定でなくても、短気・負けず嫌いなどの江戸っ子に類する性格を持つキャラクターに使用されることもある。その代表は赤塚不二夫のマンガ『おそ松くん』（一九六二―六七）に登場するチビ太である。彼は特に江戸っ子の特徴は与えられていないが、怒ったときなどにしばしば「てやんでぃ、バーロイ、チキショイ」という捨てぜりふを使う。▼典型的な江戸っ子には、

粋・いなせ、意地っ張りで短気、喧嘩早いが、人情家で正義感にあふれる、細かいことにこだわらない、宵越しの金は持たない（金に執着しない）、などの特徴がある。西山松之助（一九八〇）によれば、江戸っ子には二種類ある。一つは大商人や中堅町人を主体とする都会人としての「江戸っ子」であり、もう一つは職人などの下層町人を主体とする「江戸っ子」である（西山氏は後者を自称「江戸っ子」と呼ぶ）。「てやんでえ」などいわゆるべらんめえ口調を特徴とする現代の江戸っ子キャラは、この二種が混在している面もあるが、多くは後者のキャラクター性が強い。▼後者の「江戸っ子」が形成されたのは一九世紀（化政期）以降であるが、江戸時代の文献には、「てやんでえ」自体は見いだしにくい。ただし、「てやんでえ」に似たような言い返しの類は見受けられる。＊滑稽本 狂言田舎操《いなかあやつり》（式亭三馬・楽亭馬笑）（一八一一）「（上方者のはたご）「なるほど、謂《いはれ》をきけば梨が和《やはらか》な」（江戸者のでく）「どういう気だの」（はたご）「有がたいの裏ぢや」（でく）「おきやアがれ。何をいはツしやる」」▼明治時代以降、落語や講談などでこのような江戸っ子キャラが多用されるようになる。しかし、明治・大正時代においては「べらぼうめ」は頻繁に見られるが「てやんでえ」は見られず、江戸時代にひきつづき、「何を言ってやがる」などの言い返しが用いられている。＊落語 隅田の馴染《なれそ》め（三遊亭円遊）（一八八九）「（旦那）「乳母ア娘と乗つたらう」（小僧）「所が藤三郎と娘と乗りました。何を云つてやアがる」（旦那）「何んだ、何にを云つてやアがるとは」」▼

〈**江戸ことば**〉としての「てやんでえ」は〈**武士ことば**〉などと同様に明治・大正時代以降の落語・講談によって作られた江戸っ子のステレオタイプの言い回しがその後の小説や映画などの時代物の作品などに受け継がれたものではないかと推測される。＊小説 妖婦（織田作之助）〔一九四七〕「**誰さ。いたずらおよしよ**」安子が男湯に向って呶鳴《どな》ると、「**てやがんでえ。文句があるなら男湯へ来い、あははは……**。女がいくら威張ったって男湯へ入ることは出来めえ。やあい、莫迦《ばか》野郎！」

〔岩田〕

と

と　（助詞）

動詞などの後ろに付加して一定の効果を与える終助詞。動詞・助動詞・形容詞の終止・連体形に接続し、説明、確認などの意味を表す。また節を名詞化する機能も持つ。

▼福岡県、熊本県を中心に九州北西部で広く用いられる。例「ここ、取っとーと？」「取っとーと。」（ここの場所は取ってる？／取ってるよ）▼役割語としては、「**ばってん**」「**ごわす**」などとともに、〈**九州弁**〉の表現に用いられる。＊マンガ 博多っ子純情①（長谷川法世）〔一九七

七）「お前どうして今年は山笠に出らんとや」

［金水］

とる

とる（助動詞）

ここでは共通語の「〜てる（ている）」に相当する「とる」を扱う。

▼動詞連用形に接続して、運動・動作の継続、結果状態の存続などを表す。動詞テ形に「おる」の付いた形「〜ておる」が変化した形式で、使用者は「おる」と多く重なる。↓**「おる」**▼**〈老人語〉〈博士語〉**の一部として用いられる。＊マンガ **鉄腕アトム①**（手塚治虫）（一九六二）「（お茶の水博士）（アトムの父ロボットがアトムに油をさすのを見て）あぶらなんかさし**てわが子をなんだと思っとるんじゃ**」▼**〈大阪弁・関西弁〉**の一部としても用いられる。この場合、軽い卑語のニュアンスがあり、上品な話者（特に女性）は用いにくい。＊マンガ **じゃりン子チエ②**（はるき悦巳）（一九七九）「（チエの父テツ）「**おまえバカにしとるな**」（お好み焼き屋のおっちゃん）「**な…なんで分かるねん**」」▼**〈田舎ことば〉**の一部として用いられることもある。＊アニメ **まんが日本昔ばなし・お花地蔵**（演出：小林三男）（一九八二）「**おうお**

う、またやっとるな。うちの吾助とごん太がいっぺんにかかったって、かなわねえんだからのう」▼〈**武士ことば**〉にも用いられるが、この場合はむしろ縮約されない「〜ておる」の方がよく用いられる。＊[小説]国盗り物語・斎藤道三（司馬遼太郎）〔一九六三―六六〕「庄九郎は、店さき、店の中、使用人の働きざま、手代の指揮をじっと見、「ぬからず精を出しておるな」と満足そうにうなずいた。」

〔金水〕

な行

なんじ ― 汝 （代名詞）

話し相手を指し示す二人称代名詞。

▼古くは相手を尊敬した呼称であったと考えられているが、平安期にはすでに対等もしくはそれ以下の相手を表すものであったことが、『竹取物語』の帝から翁へのせりふからもうかがえる。中世期に入ってからも、広く目下の者に対して用いられてきた。＊古典 竹取物語（作者未詳）〔九―一〇世紀頃〕「（帝→翁）なんぢが持ちて侍るかぐや姫奉れ」▼明治以後、神、特にキリスト教の聖書の神の言葉と結びつけて用いられることが多い。＊小説 社会百面相（内田魯庵）〔一九〇二〕「「諸君《みなさん》、聊《いささ》か感じましたから聖書を読みます。馬太《またい》伝第六章二十

五節より、」と牧師が厳かな調子にて聖書を繙《ひもと》きつ、「是故に我なんぢらに告げん、生命の為に何を食ひ何を呑み又身体の為に何を衣《き》んと憂慮《わづ》らふ勿《なか》れ、……」」▼聖書において、神が発する代表的な言葉として用いられるようになった要因には、対等以下の人物に対して用いられるという性質以上に、古くからある語であったという点が、聖書の翻訳に当初採用された文語体の格調高さになじむものであったことが考えられる。そのため、当時の翻訳作品では、神が人に呼びかける場合に使用が限られたわけではない。神から人、人から神の、互いの呼称に用いられる例もあり、文語体の重々しい文章に適していたために選ばれたという当時の実態の一つを表している。＊翻訳 旧約聖書（明治二一年北英国聖書会社版）「（神→人）ヱホバわれに宣まへり、「なんぢはわが子なり　今日われなんぢを生り　われに求めよ」」＊小説 死刑囚と其裁判長（中西伊之助）（一九二二）「私はあなたのやうなお身分になれたら、きっと私は汝の敵を愛せよと云ふ教を信じます」▼聖書との結びつきから現代のフィクションの世界では、結婚式での「なんじ、健やかなるときも病めるときもこれを愛し」などの神父や牧師の言葉が典型的な使用である。＊マンガ ブラック・ジャック①（手塚治虫）（一九七五）「（死ぬ間際の人への神父の祈り）なんじらはさいわいなり　よろこびまつれ　天にてなんじらのむくいは大いなり　なんじらよりさきにありし予告する者をばかく責めたりき……」▼キリスト教の神から人への語りが発展し、あらゆる世界の絶対的上位者の

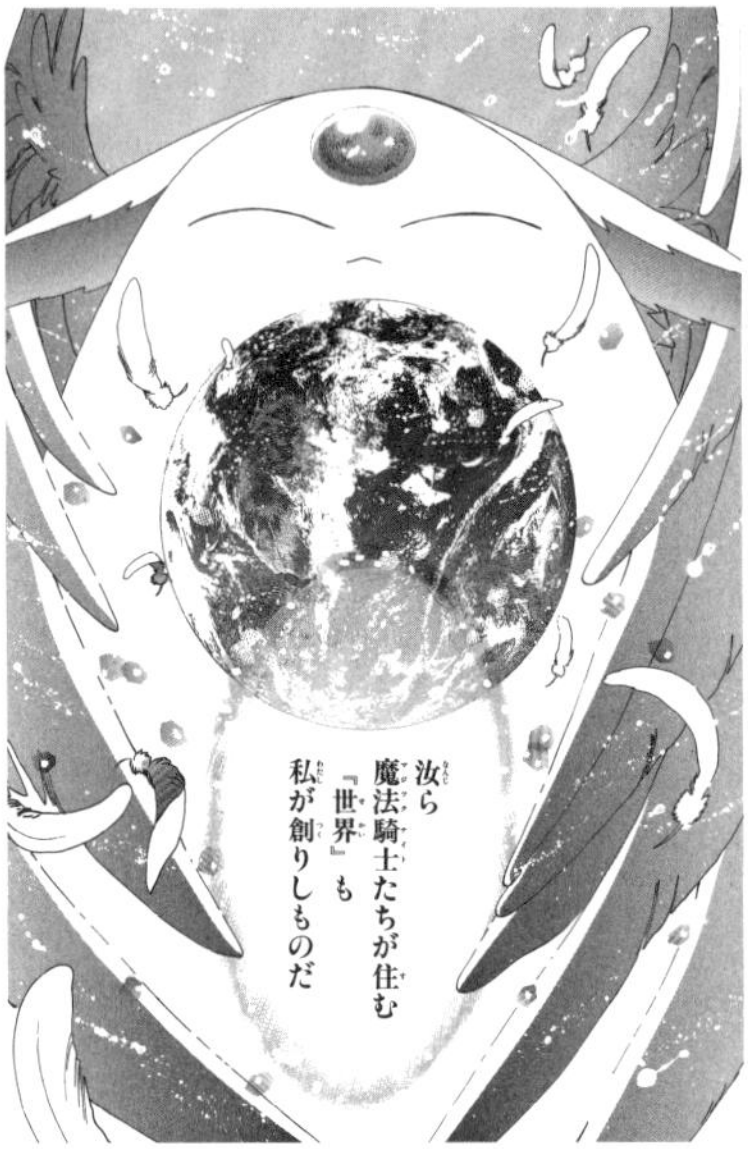

CLAMP『魔法騎士レイアース２③』143頁
講談社（KCデラックス）、2003年
ⓒCLAMP・ShigatsuTsuitachi. CO., LTD.／講談社

せりふに用いられるようになると、ロールプレイングゲームなどに登場する、その世界の神、創造主、主人公を導くような役割を持った人物や智者、長老タイプの老人の発話にも使用される（**〈老人語〉〈神様語〉**）。この場合も聖書の影響を受け、西洋的な作品に多く見られるが、東洋的なものでも、神仏のお告げなど神に関連する使用例は見られる。＊小説 鑑定（泉鏡花）〔一九一二〕「（仙人→百姓）馬鹿《ばか》め、**汝《なんぢ》**が不便《ふびん》さに、婦《をんな》の形《かたち》を變《か》へて遣《や》つたに、何事《なにごと》ぞ、其《そ》の爲體《ていたらく》は。今去矣《さらばだあ》。」▼マンガやアニメでも、その世界での神や何らかの特別な力を司った者の言葉や呪文に用いられる。＊マンガ カードキャプターさくら①（CLAMP）〔一九九六〕「（魔法を使う少女さくらの決めゼリフ）**汝**のあるべき姿に戻れ。クロウカード！」

［藤本］

なんでやねん

何でやねん　（連語）

共通語の「なぜなんだ」「何でだよ」などに相当する表現。

▼理由の疑問語「なんで」＋断定（指定）の助動詞「や」＋説明・確認の終助詞「**ねん**」からなる。**〈大阪弁・関西弁〉**として用いられる。特に、相手の不条理な発言（つまり「ぼけ」）に対する叱責（つまり「つっこみ」）の言葉として多く用いられる。＊［漫才］**交通巡査**（夢路いとし・喜味こいし）〔一九七〇頃〕「（巡査役のこいし）「**ウソばっかり言うたらかなわんぞ。すぐ分かるんやからね、君。**（と鉛筆の先をなめる）」（いとし）「**その鉛筆おいしいですか**」（こいし）「**なんでやねん！**」」

▼関西以外の出身の話者でも、「つっこみ」の場面でつい使ってしまう言葉である。田中ゆかりが二〇〇四年に首都圏の大学に通う大学生を対象とした携帯メールにかんするアンケート調査によると、自分の方言ではないが方言と意識してメールに用いる「ニセ方言」の例として、「〜やん」「〜だべ」「〜たい」のような文末表現のほかに、「なんでやねん」「そうやねん」などの定型表現があることが示されている（田中ゆかり　二〇一一）。絵本『なんでやねん』は、日常のありえない出来事に男の子が「なんでやねん」とつっこむお話だが、文、原案、絵の担当者は全員関西以外の出身である。＊［絵本］**なんでやねん**

（文：中川ひろたか・原案：鈴木翼・絵：あおきひろえ）〔二〇一三〕「（男の子）あさ　おきたら　ちょんまげ　はえてた　なんでやねん」

〔金水〕

ぬ

ぬ　（助動詞）

打ち消し（否定）を表す助動詞。古典語の打ち消しの助動詞「ず」の連体形が終止形として使われるようになったもの。一四世紀頃から見られるようになる。現代においては、「ぬ」↓「ん」となり、西日本系の方言では広く使われている。

▼フィクションの世界で、打ち消しに「ぬ」を用いるキャラクターは、武士や老人（博士）などであることが多い〈**武士ことば**〉〈**老人語**〉〈**博士語**〉。＊[マンガ]さらい屋五葉②（オノ・ナツメ）〔二〇〇七〕「（梅造）「これ　もらってくれ。」（ご隠居）「**金はいらんぞ。**」」＊[マンガ]ONE PIECE⑹⑻（尾田栄一郎）〔二〇一二〕「（剣士の錦えもん）**拙者に斬れぬ炎はない！**」

▼武士や老人のキャラクターが西日本方言の特徴を持つ話し方をするということは江戸語の形成と深く関わっている。近世後期の歌舞伎などにもその特徴が見られる（金水敏　二〇

〇三）。▼打ち消しの「ぬ」を用いるキャラクターのうち、老人（博士）のキャラクターは一人称代名詞「**わし**」、断定の助動詞「**じゃ**」、終助詞「**のう**」、形容詞連用形のウ音便（連用形の「く」が「う」となること。（例）「ようわかる」）など多くの西日本系の特徴を持つ言葉を用いる。それに対し、武士のキャラクターは、これらの西日本系の特徴はほとんど用いず、「ぬ」だけを用いることがある。次の用例では武士の源十郎は「ぬ」以外はすべて東日本系の話し方をしている。＊小説 丹下《たんげ》左膳《さぜん》（林不忘）（一九二七）「「殿様、いい月でございますねえ」すると源十郎。「おれは月は大嫌いだ」と、はねつけるよう。「まあ、月がお嫌い——さようでございますか。ですけれど、なぜ……でござんしょう？」「なぜでも嫌いだ。月を見るとものを思う。人間ものを思えば苦しくもなる。そのため——かも知れぬな」「お別れになった奥様のことでも思い出して、おさびしくなるのでございましょうよ」「ふふふ、そうかも知れぬ。ま、早くしめるがいい」」

〔岩田〕

ね

ね（助詞）

文末の動詞・助動詞・形容詞や他の終助詞の後ろに付く終助詞。「ねぇ」と伸ばすこともある。相手と共有している情報を提示したり、相手に確認を取ったりする際に用いる。

▼名詞、形容動詞の語幹、助動詞「そう」「みたい」「よう」の後に付く際に、助動詞「だ」を介さないのが**〈女ことば〉**としての「ね」の特徴である。また、**〈女ことば〉**の終助詞「**の**」「**よ**」「**わ**」「**かしら**」とともに用いられる点や、「連れて行って」のような動詞の連用形や補助動詞「なさる」の命令形「なさい」に付いて命令の和らげた言い方を形成するという特徴もある。発音する際には上昇調のイントネーションが用いられる。「ねぇ」と伸ばすときには、まず「ね」を一度高く上げ、そのあとで母音の「え」を伸ばしながら下降させる「戻し付きの末尾上げ」（定延利之　二〇一二）のイントネーションになる。＊

マンガ DRAGON BALL ⑤（鳥山明）（一九八七）「（オカマのブルー将軍→部下）いいこと　隊をふたつにわけるわ！　わたしが指揮するA隊は少年たちを！　（中略）いいわね！」＊アニメ 天空の城ラピュタ（監督：宮崎駿）（一九八六）「（少女シータ→少年パズー）まあ　パズーのかばんって魔法のかばんみたいね。なんでも出てくるもの。」▼**〈中国人語〉**として、中国人像を担

ね

う終助詞でもある。名詞・形容動詞語幹の後ろや、文末において、動詞の終止形、動詞＋「た」、動詞＋「ない」、動詞＋「なかった」、形容詞、形容詞＋「た」、助動詞「そう」「みたい」「よう」の後ろに付けて用いる。中国人を表すせりふでは断定の助動詞が使われない

鳥山明『DRAGON BALL⑤』167頁
集英社（ジャンプコミックス）、1987年
©バードスタジオ／集英社

ため、「だ」＋「ね」、「っす」＋「ね」などは見られない。発音する際には下降調イントネーションが用いられる。＊[マンガ]**らんま1／2**⑧（高橋留美子）〔一九八九〕「（中国人女性のシャンプー）**わたし　乱馬《らんま》を信じてるね。**」＊[映画]**踊る大捜査線 THE MOVIE 3・ヤツらを解放せよ！**（監督：本広克行）〔二〇一〇〕「（中国人刑事の王明才）わたし、責任、ないね。この人、ご愁傷様ね。」▼近年では、戦前から用いられてきた**〈アルヨことば〉**に代わる**〈中国人語〉**として、多く見られるようになってきている。↓「**あります**」「**ある**」

［依田］

ねん

ねん　（助詞）

〈大阪弁・関西弁〉で広く用いられる文末形式。

▼動詞・助動詞・形容詞の後ろに付ける。共通語の「〜のだ」におおむね当たり、説明的に相手に主張したり、情報を強く求めたりする際に用いる。例「こんなこともあるねんなあ」「誰がこんなもん食べるねん」「わたし長女やねんやんか」「お金がないねんから、買わんといたらええのに」など。＊[マンガ]**じゃりン子チエ**③（はるき悦巳）〔一九七九〕「**あいつ　ふ**

だんはええ奴やけど　機嫌悪なったらすぐ　昔のこと思い出してワシらなぐりよるねん」

▼「～た」の後ろに「ねん」が付く場合は、「～たねん」とならずに「～てん」となる。＊マンガ **好きやねん！①**（おおつぼマキ）〔一九九五〕「（マミの友達）（マミに手描きポスターを見せて）**こんなん作ってん　学校でみんなにくばろおもて**」

〔金水〕

の

の（助詞）

文末や文節末に用いる。「のう／のー」と伸ばされることもある。聞き手に念を押したり、個人的に気持ちを述べたりするときに使用する。

▼一人称代名詞「**わし**」や断定の助動詞「**じゃ**」などとともに用いられる**〈老人語〉**。間投助詞「の」は文節末に付く。なかでも、疑問を表す終助詞「か」、接続助詞「が」「で」の後に付いた「かの（う）」、「がの（う）」、「での（う）」の形がよく用いられる。＊小説 **国貞《くにさだ》ゑがく**（泉鏡花）〔一九一〇〕「（老女）**最《も》う寝たかの。**」＊アニメ **風の谷のナウシカ**（監督：宮崎駿）〔一九八四〕「（ギックリ〔城に仕えるおじいさん〕）**あんたは火を使う。そりゃあ、わしらもちょびっ**

とは使うがのう。」▼終助詞「の」は活用語に付く。特に、断定の助動詞「じゃ」に付いた「じゃの（う）」の形で用いられることが多く、〈老人語〉〈博士語〉として使用される。＊[マンガ] らんま1／2 ⑤（高橋留美子）（一九八八）「（中国人の老婆コロン）**多少はできるよーじゃの。婿どの。**」＊[マンガ] 名探偵コナン①（青山剛昌）（一九九四）「（阿笠博士）**ひさしぶりじゃのー、蘭君!!**」▼女性としてふるまう人物が文末で用いる（〈女ことば〉）。平叙文では「〜のだ」、疑問文では「〜のか」（「〜のだ」）から、それぞれ断定の助動詞「だ」、疑問の終助詞「か」（断定の助動詞「だ」）が落ちた形。子供も大人も用いるが、〈老人語〉を話す女性は用いない。自己主張をしないつつましい人物、相手に依存する弱い人物、周囲から守られる幼い人物を印象づける。＊[小説] 浮雲（二葉亭四迷）（一八八七―八九）「（若い女性のお勢）**みんなお嫁に往ツたりお婿を取ツたりして仕舞ひましたの**」＊[マンガ] 美少女戦士セーラームーン①（武内直子）（一九九二）「（巫女《みこ》のレイ）**アイツって？　だれですの？**」▼文末で活用語の連体形の後に付いて文全体を体言化するため、平叙文では断定の度合いが、また疑問文では問い詰める度合いがそれぞれやわらかくなる。これにより、一方的に自分の意見などを押し付けるのではなく、最終的な決定権は相手にゆだねる「女性らしさ」が表現される。平叙文では下降調のイントネーションで発音される。後ろに終助詞「**ね**」「**よ**」「よね」が付くことも多くある。その場合に「の」との間に断定の助動詞「だ（じゃ）」を介さないのが特徴である。疑問文で用いられる際には上昇調のイントネーションになる。＊マンガ **黒子のバスケ②**（藤巻忠俊）〔二〇〇九〕「（相田リコ）**届かなくてもやり方はあるのよ！**」▼終助詞「**わ**」や、命令表現としての「動詞て形」といった、他の〈**女ことば**〉とともに用いられる。＊アニメ **風の谷のナウシカ**（監督：宮崎駿）〔一九八四〕「（少女ナウシカ）**怒らないで。怖がらなくていいの。私は敵じゃないわ。**」

〔依田〕

のう

のう（助詞）

文末にあって、話し手の感動や詠嘆を表す言葉。

▼ポップカルチャーの世界では、終助詞「のう」は老人をイメージさせる役割語として用いられる（〈**老人語**〉）。＊マンガ **YAWARA!①**（浦沢直樹）〔一九八七〕「（猪熊柔の祖父の猪熊滋悟郎）**不憫よのう！　複数の娘とつき合うような男を恋してしまったとは…**」▼他に、田舎者（方言話者）のせりふとして用いられることもある（〈**田舎ことば**〉）。これは、「のう」が現代語において実際に方言として全国各地に分布していることが関係していると考えられ

浦沢直樹『YAWARA！①』34頁
小学館（ビッグコミックス）、1987年
ⓒ浦沢直樹　スタジオナッツ／小学館

る。＊アニメ まんが日本昔ばなし・田植地蔵〔一九七六〕「（村の農夫の田吾作）のう小僧どん明日もひとつ手伝いにきてくれんかのう」▼文献に見られるようになるのは、一五世紀前後からである（表記的には「なう」の形で現れる）。＊古典 閑吟集《かんぎんしゅう》（編者未詳）〔一五一八〕「人とはばなう、やうじ木きるとおしあれ」▼終助詞「の」から派生したという説と、終助詞「な」から派生したという説がある。中世から近世にかけては、特定のキャラクターに限定されることなく老若男女問わずさまざまな人物が「のう」を用いている。＊浄瑠璃 丹波《たんば》與作《よさく》待夜《まつよ》の小室節《こむろぶし》（近松門左衛門）〔一七〇七〕「（與作《よさく》〔若い男性〕）どうぢゃ…仕損うたげななう。」＊滑稽本 浮世風呂（式亭三馬）〔一八〇九—一三〕「（男児）アイ、よく沈むと金魚や緋鯉が出るのう」＊歌舞伎 小袖《こそで》曽我《そが》薊《あざみの》色縫《いろぬい》（河竹黙阿《かわたけもくあ》弥《み》）〔一八五九〕「（お雪〔若い娘〕）お常、どうせうどうせうぞいのう。」▼明治時代に入ると、老人に偏った「のう」の使用が認められる。＊小説 草枕（夏目漱石）〔一九〇六〕「（六〇歳近い和尚）「あれは、わしこの間始めて見たが、随分奇麗にかけたのう」老人は大事そうに緞子《どんす》の袋の口を解くと、小豆色の四角な石が、ちらりと角を見せる。「いい色合じゃのう。端渓《たんけい》かい」」▼大正六年の菊池寛の小説『父帰る』では、五一歳の母と五八歳の父が「のう」を使い、二〇代の子供たちには使用がない。＊小説 **父帰る**（菊池寛）〔一九一七〕「（母）**向うは呉れ呉れ云うてせがんどつたんやけれどものう。**」「（父）**賢一郎！ お前は生みの親に対してよくそんな口が利けるのう。**」▼これらの例から、江戸時代後期までは一般に使われていた「のう」が、明治から大正頃にかけて次第に若い世代には使われなくなり、年配の人物に使用が限られていったのではないかと推測される。明治から大正におけるこのような使用の偏りが、その後、「のう」＝〈**老人語**〉となる契機となっていると考えられる。

［岩田］

は行

ばってん

ばってん（接続詞）

活用語の終止形をうけたり、単独で逆接の条件（「けれども」「だけれども」に相当）を表す接続詞。長崎や熊本、その他九州の各地で用いられる語（**〈九州弁〉**）。▼役割語としての「ばってん」は、九州出身者や九州男児のキャラクターが主にマンガやアニメなどフィクションの世界で使用する表現である。さらに広く、無教養な田舎者を象徴するために使用されることもある（**〈田舎ことば〉**）。▼「ばってん」を使用する代表的なキャラクターとしては、『巨人の星』に登場する熊本県出身の巨漢スラッガーの左門豊作、『男おいどん』の主人公で九州出身の青年大山昇太《のぼった》（通称おいどん）、『博多っ子純情』の

原作：梶原一騎：漫画：川崎のぼる『巨人の星⑩』312頁
講談社（講談社漫画文庫）、1995年
ⓒ梶原一騎・川崎のぼる／講談社

登場人物たちなどがある。＊マンガ巨人の星⑩（原作：梶原一騎・漫画：川崎のぼる）（一九六六―七一）「（左門豊作）お京さんは星くんば好きになったごとですが　ばってん　わしは…一目ぼればしてしもうたですばい　お京さんに……」＊マンガ男おいどん・第一集（松本零士）（一九七一―七三）「（下宿館のバーサン）「あんたお金もってるの？」（大山昇太）「うんにゃ一銭もなか！　ばってん食料は西尾さんがくれるしいきかえりの電車賃は出してくれるし不自由せんのよ」＊マンガ博多っ子純情③（長谷川法世）（一九七七）「（友人A）「いっちょんうてあわれん（＝相手にされない）やったねぇ」（中略）（郷六平）「あのくそ婆が来たけんたい」（友人A）「ばってん　郷が標準語ば使うとは初めて聞いたなあ」」▼ポピュラーカルチャーの文脈における、「ばってん」の使用で興味深い点は、吉村和真ほか（二〇〇七）に指摘があるが、「ばってん」に代表される〈九州弁〉は、九州の特定の地域が舞台となる物語の場合、その場所の地域性を活写することに使用されるのに対し、『男おいどん』の主人公が使用する現実にはありえない方言形の組み合わせは「イメージとしての九州弁」を表現することにあり、そこに現れるのは中央（＝東京）と地方（＝田舎）との対立である。このときイメージされる**〈九州弁〉**は、「田舎者」を象徴する役割語として使用されることになるのである。以下は『男おいどん』の主人公・昇太の使用する特殊な九州弁である。＊マンガ 男おいどん・第一集（松本零士）（一九七一—七三）「だいたい夜にげっちゅうのは夜にげるから夜にげばい。夜にげをなんで昼間やるんばい。いまは昼間だから夜にげじゃなかばってんタイ」「あいつもわるもんじゃなかとばってんタイ」＊マンガ 男おいどん・第二集（松本零士）（一九七一—七三）「すまんでごわすばってんタイ」

［大田垣］

はる — はる（助動詞）

動詞の連用形などに付けて、動作主への敬意を表す言葉。近世末頃、尊敬の補助動詞「なさる」からできたとする説が有力である。

▼用例は上方（京・大阪）の明治期落語速記本から見え始める。＊[落語] **胴乱の幸助**〔一八九四〕「（若者の源兵衛）**彼《あ》の人等は好い夢見てはると断念《あきらめ》たら可《よ》い**」▼「はる」の前身とされる「やはる」の用例として、江戸末期の洒落本からの例がある。＊[洒落本] **興斗月《きょうとつき》**（武木右衛門）〔一八三六〕「（芸子の里か↓おやまのお松）**鳴駒屋はんが何たらの時おさむらいに成て出やはるきれいな〳〵お士《さむらい》はんや**」▼**〈京ことば〉**としての「はる」を多用した有名な文学作品に川端康成『古都』がある。＊[小説] **古都**（川端康成）〔一九六二〕「**お父さんは、お習字していやはるようどした**」▼現代のマンガ、アニメなどでは関西人キャラクターの、比較的丁寧な物言いに使用される傾向がある**〈大阪弁・関西弁〉**。＊[マンガ] **じゃりン子チエ③**（はるき悦巳）〔一九七九〕「（チエの母ヨシ江）**さっきまで居はったんやけど花井先生も呼ぼゆうて今出て行きました**」＊[マンガ] **ラブ☆コン①**（中原アヤ）〔二〇〇二〕「（女子高生の田中千春）**あたしがみんなのとこ来る途中にフラーと1人で消えはった**」

〔廣坂〕〈参考：金沢裕之　一九九八／辻加代子　二〇〇九〉

べ―べ（助動詞）

➡「べえ」

へい　Hey（感動詞）

文頭に置き、聞き手への呼びかけに用いる言葉。

▼役割語としては英語圏の外国人男性、特にアメリカ人の男性が用いる。少年から青年・中年層までが使用し、格好のよい、あるいは自信家で気取っている、または、挑発的な性格の人物像をイメージさせる。また、英語かぶれの日本人や、球技を行う日本人のかけ声にも用いられる。これらの場合も男性が使用するのが一般的であり、庶民にはない格好よさ、あるいは気取りが感じられる。一人称代名詞「ミー（me）」、二人称代名詞「ユー（you）」、終助詞「さ」「ぜ」などとともに使用され、キザな人物を印象づけることもある。

＊マンガ キン肉マン②（ゆでたまご）〔一九八〇〕「（ザ・テリーマン）ヘイ！　キン肉マン　アメリカ産出の生ガーリックだ　精がつくぜ！」＊マンガ 黒子のバスケ㉑（藤巻忠俊）〔二〇一三〕「（火神大我→降旗光樹）（緊張する降旗に送球を呼びかける）ヘイ」▼「Hey」を用いる人物の発話は日本語の中に一部、他の言語が混じっているものであるため、不完全な日本語〈片言〉に分類され得る。しかしながら、日本語としてあるべき助詞が落ちるなどの文法的な崩れはないうえ、終助詞「さ」「ぜ」といった、発話者の力強い男性性や粋な性質を担う言葉が併

用されている点で、いわゆる「カタコト外国人」の日本語がたどたどしい印象を伴うのとは異なる。不完全であるというよりはむしろ、より〝格好よい日本語〟、〝洒落た・気取った日本語〟として発話者の人物像を支えている。

＊ マンガ ガールズ＆パンツァー もっと

藤巻忠俊『黒子のバスケ㉑』130頁
集英社（ジャンプコミックス）、2013年
ⓒ藤巻忠俊／集英社

らぶらぶ作戦です！②（弐尉マルコ・原作：ガールズ&パンツァー製作委員会）（二〇一四）「（男子高校生→転入生）**へい少年！　お茶しない？**」

［依田］

へえ

へえ　（感動詞）

ここでは、共通語の「はい」に相当する応答詞の「へえ」を扱う。

▼目上の話し相手からの問いかけや命令・依頼などに対して、恭順の意を示しながら答える際に用いる。▼江戸時代から近代の江戸、あるいは大阪・京都などの商売人や使用人が客や主人などに対して用いる。あるいは旅人などが初対面の人に対して用いる（**〈町人ことば〉**）。＊落語 **米朝落語全集・景清**（桂米朝）（一九八一）「（甚）「**こっちい入りんかい**」（定）「**へえ、へえ。判ってま。判ってま、へえ、へえ。ええ、おおきに。どっこーいしょっと。エー**」」▼**〈田舎ことば〉**としても用いられる。百姓、小作人などが用いる。＊落語 **古典落語・法華《ほっけ》長屋**（作者不詳）（一九八五）「（長屋の住人）「**おいおいおわい屋さん**」（糞尿引き取りの人足）「**へえ、掃除口はどっちかね**」」

［金水］

べえ

べえ（助動詞）

古語の助動詞「べし」から生じた言葉。「べい」「べ」とも言う。「べえ」「べい」「べ」を含めて、東日本の各地で、推量や勧誘などの意味を表す方言として用いられている。▼フィクションの世界では、終助詞「**だ**」格助詞「**さ**」などとともに**〈田舎ことば〉**として用いられる。この場合、推量や勧誘などの意味がない場面でも用いられ、田舎者であることを表す終助詞となっていると言える。＊[マンガ] DRAGON BALL ②（鳥山明）〈一九八六〉「（牛魔王）「**筋斗雲でひとっ飛び　芭蕉扇をかりてもらってきてくれねえべか？**」「**ドラゴンボール？　なんだべそれ…**」「**おう　いいべいいべ！　そんなんでいいならやるだ!!**」」▼「べえ（べい）」を**〈田舎ことば〉**として用いた例はすでに近世に多く見られる。次は洒落本に見られる「田舎者」と「江戸者」の会話である。＊[洒落本] 両国栞《りょうごくのしおり》（丹波助之丞）〈一七七一〉「（田舎者）「**太鼓さァのおとはあんであんべェな**」（江戸者）「**あれは両国のみせもの芝居の太鼓さ**」（中略）（田舎者）「**ヤアげェにくんじゆしもうすがあんだべェな**」（江戸者）「**こゝが両**

国さ是はもふいつでもこのやうでござります」」▼また、次は『浮世風呂』に登場する田舎出の下男、三助の言葉である。＊滑稽本 浮世風呂（式亭三馬）（一八〇九―一三）「あっちイぬたくり、こっちイのたくり、抓《つかむ》べいとしても指《よび》の股《また》さ、ぬるぬるぬるぬるかん出《でへ》て、……がせうぎにかっつかんだらおっちぬべヱ。土埋《つちいうめ》たら鰻死《うなぎいみち》て芋《よも》にでもなるべいが。薯蕷《やまのよもにべい》 斗なっちゃア元直《もとつこ》にならねへ」▼「べえ」が〈田舎ことば〉になった背景には、他の〈田舎ことば〉「〜さ」「〜だ」などと同じく、江戸対地方の対立構造がある。江戸において最も身近な「地方」であった関東周辺の言葉が「田舎者」の言葉として定着していったと考えられる。このような江戸時代の背景があったため、「〜だ」や「〜べえ」など東日本系の方言の〈田舎ことば〉としての定着は早く、明治時代にはすでに翻訳小説などにおいても盛んに用いられている。↓「だ」▼また田舎者のキャラクターは、時に、笑いや蔑みの対象となったり、田舎者の言葉が身分の低さ・教養のなさを表したりすることもある。次の坪内逍遙《しょうよう》翻訳のシェークスピア劇では、貴族たちが共通語を話すのに対し、町の大工や鍛冶屋などの職人や羊飼いなどは全員「〜だ」や「〜べえ（べい）」を用いる〈田舎ことば〉を話している。＊脚本 真夏の夜の夢（原作：シェークスピア・訳：坪内逍遙）（一九一五）「（大工）これで役は定ったゞ。……あそこで稽古すべい。もし市中で為《し》るやうだと、ぞろぞろ人が附いて来べいから、目論見が露見してしまふべい。」＊脚本 冬の夜ばなし（原作：シェークスピア・

訳：坪内逍遙）〔一九一八〕「（羊飼い）おらァ熊めがもう去っちまったか、あの紳士《だんな》ァどら程喰っただか、見て来べい。」▼次の作品では、村で唯一小学校を出た主人公が共通語を使用しているのに対し、無学な村人は**〈田舎ことば〉**を使う（金水敏　二〇〇三）。**＊**小説 黒い偉人（三浦楽堂）〔一九二九〕「（村人）……**つかれているところをすまねえが早速きいてもらいますべえ。けさから家《うち》の牛の乳が急にでなくなっただがどういうもんでしょうかなア？**」

［岩田］

へん——へん（助動詞）

動詞に付いて打ち消しを表す。助動詞「～ない」に相当する。

▼大阪、京都を中心に、広く関西で用いられる（**〈大阪弁・関西弁〉**）。「読みはせん」（＝「読みはしない」）の「せん」が変化した形で、動詞との接続形や「へん」自体の形態にはバリエーションがある。たとえば「読む」に付いた場合「読まへん」「読めへん」、「できる」に付いた場合「できへん」「でけへん」「できひん」、「来る」に付いた場合「きーへん」「きーひん」「けーへん」「こーへん」「こやへん」、「する」に付いた場合「しーへん」「しーひ

ん」「せーへん」「しやへん」、「かまう」に付いた場合「かまへん」「かめへん」などである。ある程度の地域差も存在する。＊[マンガ] じゃりン子チエ③（はるき悦巳）〔一九七九〕「**ゆうとくけどな　オレより不幸な奴は　日本におれへんねんど**」▼大阪弁においてかつては打ち消しの助動詞「**ん**」と「へん」で意味・用法に違いがあったが、今日では区別なく用いられることが多い。

［金水］

ぼく ── 僕 （代名詞）

主に男性が用いる一人称代名詞。

▼もともと、身分の低い召使いを表す漢語（中国語を起源とする語）で、「下僕《げぼく》」などにその用法が残っている。漢文の中ではきわめてへりくだった自称詞として用いられることがあるが、日本で訓読される場合は「やつがれ」と読まれるのが通例であった。江戸時代、「僕」が「ぼく」と読まれて自称詞として用いられ始めた段階では、「ぼく」は、もっぱら漢学者がへりくだって用いる言葉であったが、幕末には若い武士など、かなり使用層が広がって

いたらしい。決定的に普及したのは、明治初年から「書生」が使い始めたことによる（**〈書生語〉**）。書生は今の言葉で言えば「学生」だが、立身出世をめざして全国から東京に集まり、高等教育を受けていた若者を広くこう呼んだ。書生が用いた特徴ある言葉としては「ぼく」のほかに、「きみ」、「**わがはい**（吾輩）」「**しょくん**（諸君）」「**しっけい**（失敬）」「**～たまえ**」などがある。▼女子教育が始まった当初は、女子学生も「ぼく」を使っていたが、やがて男子学生専用になっていった。**〈書生語〉**から知的エリート層の男性の言葉に広がり（**〈上司語〉**）、また少年が用いる言葉ともなっていった（**〈少年語〉**）。「ぼく」が知識層に広がっていくと、古くから一般的だった「**おれ**」が対比的に非知的な印象を与えるようになっていった（**〈男ことば〉**）。フィクションの世界では、明治時代からこのような「ぼく」＝知的・先進的、「おれ」＝非知的・土着的といった対立が見られる。＊小説 **たけくらべ**（樋口一葉）〔一八九五〕「（鳶職人の息子の長吉）「**……何卒《どうぞ》我《お》れの肩《かた》をもて、……**」（お寺の跡取り息子の信如）「**だつて僕《ぼく》は弱いもの**」」▼戦前から一九七〇年代頃までの少年読み物・マンガ・アニメなどでは、「ぼくら」という複数の代名詞が、世界の秩序回復に立ち上がる「強く明るい」少年たちの精神的な共同体を象徴する言葉となっていた。ラジオドラマやテレビアニメの主題歌には、このような「ぼくら」を歌った歌が多い。＊ドラマ **赤胴鈴之助・主題歌**（作詞：岩瀬寛）〔一九五七〕「**がんばれ　つよいぞ　僕等の仲間　赤胴鈴之助**」▼その後、

手塚治虫『三つ目がとおる①』37頁（上）・175頁（下）
講談社（手塚治虫漫画全集110）、1980年
Ⓒ手塚プロダクション

「おれ」が強い男性性を帯びる一方で、「ぼく」は相対的に弱い男性性を示す代名詞ともなり、さらには弱々しい、マザコン的なニュアンスも帯びるようになった。親の庇護下にある、弱々しい男性を揶揄《やゆ》する「ぼくちゃん」という言葉も生まれた。『ドラえもん』に登場するのび太が「ぼく」を使うのは、そのような弱い「ぼく」の好例である。一人の少年に二人の人格が交替に現れる設定のマンガなどでは、弱くてやさしい人格のときに「ぼく」、強くて暴力的な人格が現れるときに「おれ」が使われるなどして、人格の書き分けに利用されることがある（マンガ『三つ目がとおる』『遊☆戯☆王』など）。▼未成年の女性が「ぼく」を

用いることは現実でもときどき見られる現象だが、マンガ・アニメなどでは、手塚治虫『リボンの騎士』の「サファイア姫」の例が早い（初出一九五三）。近頃では、「ぼくっ子」と称して「萌え」要素の一つに数えられることがある。＊アニメ ハートキャッチプリキュア・あこがれの生徒会長！ 乙女心はかくせません!!（脚本：栗山緑）〔二〇一〇〕「（明堂院いつき）ぼくはある事情で男子の格好をしているけれど、れっきとした女の子なんだ」▼近年ではさらに、弱さや幼さの表象として「ぼく」が用いられるだけでなく、むしろ冷酷・残忍なダークヒーロー的キャラクターの表現として「ぼく」が用いられることがある。＊マンガ BLOOD+②（原作：Production I.G.・漫画：桂明日香）〔二〇〇六〕「触れるな 僕はもうシュヴァリエの列からは除外された『カール』の名に未練などない」

〔金水〕

ぼちぼち

ぼちぼち（副詞）

共通語「ぼつぼつ」にほぼ相当する表現。
▼変化や運動が徐々に進むことを表す擬態語。例「ぼちぼち歩く」。また変化・動作の開始

が間近いことを表す副詞。例「ぼちぼち始まるで」。**〈大阪弁・関西弁〉**としてよく用いられる。特に、大阪の商売人のあいさつ言葉「**もうかりまっか**」に対する返事として「ぼちぼちでんな」がよく知られる。大阪人がこのように言うときは、かなりもうかっているのだとよく言われる。商売相手にあまり手の内を見せたくないときに、控えめに言う表現である。大阪人のオノマトペ（擬音語・擬態語）好きの表れでもある。＊［流行歌］**道頓堀ブルース**（作詞：忌野清志郎・唄：木村充揮）「**もうかりまっか　ぼちぼちですわ　そんなことどーでもしょーもない　君に会いたいだけやねん**」

〔金水〕

ほほほ・おほほ

ほほほ・おほほ（感動詞）

笑い声を表す感動詞。口元を手でおおったりして控えめに軽く笑う笑い方。主として女性の笑い声を表す（**〈女ことば〉**）。

▼「ほほほ」は、近世後期頃から用例が見られる。＊［洒落本］**青楼夜世界闇明月**《せいろうよるのせかいみそかのつき》（神田あつ丸）〔一七九九〕「**みなみな「ハハハハハ」「ホホホホ」**」＊［人情本］**花筐**《はながたみ》（松亭金水）〔一八四一〕「**こん**

な老婆の居ない方が、結句《けっく》宜《よ》さそうなものだ、ホホホホホ」▼「おほほ」の用例もほぼ同時期から見られる。＊**滑稽本** 浮世床・初・上（式亭三馬）（一八一三―一四）「「ほんにまだお礼にも行ねへ」「なんのお礼所かヲホホホホホ」」▼役割語としての「（お）ほほほ」は、発話者がお嬢様や上流階級の夫人であることを表す**〈お嬢様ことば〉〈奥様ことば〉**。特に、マンガ表現においては、描き文字（吹き出しの外に手描きで描かれる文字列）で表現されることが多く、登場人物のその状況での心情を象徴的に表現する。＊**マンガ** **エースをねらえ！①**（山本鈴美香）（一九七三）「（生徒会長・藤堂）「（描き文字）ハハハ」（お蝶夫人）「（描き文字）ホホホ」（藤堂）「ハハハハハ」（お蝶夫人）「（描き文字）ホホホホ」（岡ひろみ）「**はいれない…**」」▼「ほほほ」「おほほ」の典型的な使用キャラクター（キャラ）としては、『エースをねらえ！』のお蝶夫人のようなお

山本鈴美香『エースをねらえ！①』83頁
中央公論新社（中公文庫コミック版）、1994年
©山本鈴美香／集英社

嬢様キャラ（〈**お嬢様ことば**〉）、『おじゃる丸』の主人公・おじゃる丸のような公家キャラ（〈**公家ことば**〉）、さらに『アニメ版DRAGON BALL Z』に登場する悪役の宇宙人フリーザ（第1形態）や『笑ゥせぇるすまん』の主人公・喪黒福造のような強大な力を持つ一方で、言葉づかいの丁寧なキャラクターがいる。＊マンガ エースをねらえ！①（山本鈴美香）〔一九七三〕「（尾崎）「お蝶夫人」（お蝶夫人）「あら尾崎さん！」（尾崎）「おやそれでも名まえだけはおわすれじゃなかったようですね」（お蝶夫人）「（描き文字：ホホ）ひにくのおつもり？」（尾崎）「いいんですよあなたひとりにおぼえていただければね」（お蝶夫人）「（描き文字：ホホホ）おじょうずおっしゃること」」＊エッセー おじゃる丸のまったり人生のススメ（犬丸りん）〔一九九九〕「（おじゃる丸）ホホホ♪」＊アニメ DRAGON BALL Z・第四四話（原作：鳥山明）〔一九九〇〕「（フリーザ）よしこれであと3つになりましたね。ホッホッホッホッ」＊マンガ 帰ッテキタせぇるすまん②（原作：藤子不二雄Ⓐ）〔二〇〇四〕「（喪黒福造）やれやれ悪いことをしてしまいました……やっぱりあの人は途中下車すべきじゃなかったようですなホーッホッホッホッ」▼「ほほほ」「おほほ」の類例として、老人が使用する「フォフォフォ」がある（〈**老人語**〉）。＊マンガ キングダム⑱（原泰久）〔二〇一〇〕「（秦国を率いる白髭の大将軍蒙驁《もうごう》）フォッフォッフォ　あまり気負うとケガをするぞ」▼「ほほほ」「おほほ」は、使用される場面や使用する登場人物の精神状態によって、いくつかの感情を表現する。▼まず、登場人物の入退場の場面において「(お)ほほほ」が使用されることがある。＊マンガらんま1/2③(高橋留美子)(一九八八)「(黒バラの小太刀)ほほほほっ(「ひょいひょい」という音とともに去っていく)」▼話者が照れ隠しをするために「(お)ほほほ」を使用することがある。＊マンガきんぎょ注意報!⑧(猫部ねこ)(一九九三)「(小里先生)「ねえそこのキミ!」(少年)「はい、なんですか」(小里)「キミなんて名まえだったかしら?」(少年)「な・・・名まえ・・・ですか?」(小里)「ええゴメンなさい。やーね、わたしったらバカ忘れしちゃって」

高橋留美子『らんま1/2 ③』36頁
小学館（少年サンデーコミックス）、1988年
©Takahashi Rumiko／小学館

(描き文字:ホホホホ)」▼高笑いや、安堵したとき、相手を嘲笑・小馬鹿にするときにも「(お)ほほほ」が使用されることがある。まず、高笑いの例、次に安堵したときの例を挙げる。＊マンガきんぎょ注意報!⑧(猫部ねこ)(一九九三)「(千歳)ふふふふふ。勝ったわ(描き文字:おっ～ほほ)」＊マンガきんぎょ注意報!⑧(猫部ねこ)(一九九三)「(千歳)よく考えたらここは新田舎ノ中。まともなカップルなんてそーそーできるワケないじゃない(描き文字:お～っほっほっ)」▼相手を嘲笑・小馬鹿にする使用例も見られる。とりわけ、漫才師の坂田利夫の「あんたバカね、おほほー」というギャグは有名である。▼日本の言語作品にいつ頃から「(お)ほほ

ほ」が現れたのかは定かではないが、〈**お嬢様ことば**〉との関連で、少女小説に登場する「(お)ほほほ」の古い例をたどると、三宅花圃《みやけかほ》による日本初の少女小説と言われる『藪《やぶ》の鶯《うぐいす》』(一八八八〔明治二一〕)に次のような場面が見られる。＊小説 藪の鶯(三宅花圃)(一八八八)「(浜子)「**私しは今の旦那様は存じませんが。どなたでござりますか。**」(お貞)「**オホホホごじょう談ばかりおっしゃります。あのご存じの山中正で。**」(浜子)「**何ですとえ。オホホホホホおかしい。**」」

〔大田垣〕

ほんま

本真

(名詞・副詞)

「本当」という意味を表す言葉。

▼役割語としての「ほんま」は、関西人(特に大阪人)のキャラクターを象徴するために使用される(〈**大阪弁・関西弁**〉)。＊流行歌 買い物ブギー(作詞・作曲:服部良一・唄:笠置シヅ子)〔一九五〇〕「**わてほんまによう言わんわ**」▼「ほんま」は、用法とその表現形によっていくつかに分かれる。まず、主題として話し手の本音を表すことがある。＊マンガ じゃりン子

チエ②（はるき悦巳）〔一九七九〕「（チエ）（映画館に）ウチ、ほんまは、お父はんと行きたいねんけどなあ」▼また、副詞として後続する述語が表す事態や性質の程度の大きさを示すとき、「ほんま（に）＋述語」という形式が使用される。＊小説 稀覯人《コレクター》の不思議（二階堂黎人）〔二〇〇五〕「その話を聞いた時には、びっくりしましたわ。ほんまに惜しい人を亡くしたもんやねえ。わしもお得意さんを失うて、がっかりや」▼話し手が聞き手に事態の真偽について確認する際には、「ほんま（に）？」や「ほんまでっか？」という表現が用いられる。＊小説 風琴と魚の町（林芙美子）〔一九三一〕「「帯がとけるどウ」竹馬を肩にかついだ男の子が私を指差した。「ほんま？」私はほどけた帯を腹の上で結ぶと、裾を股にはさんで、キュッと後にまわして見せた。」＊小説 日本語の乱れ（清水義範）〔二〇〇〇〕「「どんな調子や？」「ごっつう忙しいて、飲みにも行かれへんわ」「ほんまに？」」▼相手の発言に対して相づちをうつ際に、「ほんまや」「ほんまほんま」などが使用される。＊マンガ じゃりン子チエ②（はるき悦巳）〔一九七九〕「（客たちが）「チエちゃんの笑顔は日本一や」「ほんまや」」

〔大田垣〕

ま行

まあ

まあ（感動詞）

文頭に置き、話し手の感動を表す言葉。
▼たおやかな女性としてふるまう人物が、意外性のあることに対して驚きや反発の気持ちを表すときに発する（**〈女ことば〉**）。驚きを表す同様の感動詞「わあ」と比べると、女性らしさ、気取り、上品さが感じられる。幼児から高齢者まで広く用いられ、子供であれば、ませた性格や家が裕福であることを表し、成人であれば、お嬢様育ちである、つんと澄ましている、古風であるといった様子を印象づける。＊小説 **お嬢さまとお呼び！**（森奈津子〔一九九二〕）「**まあ、伊集院さま、やっとえげつない精神につりあう格好におなりになったわ**

藤子・F・不二雄『ドラえもん①』65頁
小学館（てんとう虫コミックス）、1974年
ⓒ藤子プロ・小学館

ね！」▼江戸時代半ば頃から文献に見え始め、明治時代には、女性が話しそうな言葉として人々の間で認識されていたと見られる。＊小説 不如帰《ほととぎす》（徳冨蘆花《ろか》）〔一八九八―九九〕「まあ、奇麗！」「本当《ほんと》にま、奇麗な躑躅《つつじ》でございますこと！」＊マンガ ドラえもん①（藤子・F・不二雄）〔一九七四〕「まあ　おりこう。かあさん、ほんとにうれしいわ。」

［依田］

まいど

毎度（副詞）

ここでは、関西弁のあいさつ言葉に用いられる「まいど」を扱う。

▼「いつも」を表す「まいど」と「ありがとう」を表す「おおきに」を続けた「まいどお

おきに」（＝「いつもありがとう」）が〈**大阪弁・関西弁**〉で商売人の言葉として用いられる。客が店に入ったとき、商品を買い上げたときなどに用いる。↓「**おおきに**」＊流行歌 **まいどおおきに**（作詞：たかたかし・唄：川中美幸）（二〇一二）「**あきらめず　あせらずに　明日も元気で「まいどおおきに」**」▼さらに「まいどおおきに」が縮約されて「まいど」だけでも同じ意味がややカジュアルに表される。「まいどおおきに」は男性でも女性でも使えるが、短い「まいど」は使用が男性に偏る。＊マンガ **なにわ慕情①**（岡直裕）（一九九〇—九三）「（秀雄）「**まいど！**」（恋人のマリ　ふざけて）「**おいど！**」」（おいどは「お尻」の意）

［金水］

まいる

参る（動詞）

「行く」の謙譲語。また、聞き手に対して、「行く」「来る」のへりくだる気持ちを込めた丁寧語として用いられる。

▼特にポピュラーカルチャーの世界では、〈**武士ことば**〉として用いられることが多い。〈**武士ことば**〉では、謙譲や丁寧でない場面、特に戦いに挑む場面での使用が多い。自分の

行動として「まいる（ぞ）」と用いるほか、相手の行動を促すせりふとして命令形の「まいれ」が使用されることもある。たとえば、次の例では、旗本である鈴川源十郎の方が浪人の丹《たん》下《げ》左《さ》膳《ぜん》より身分は上であり、その他の箇所では左膳に対して「死ぬのは貴様だろう。なんでも言え。聞こう」のように話しているため、ここでの「まいる」も謙譲語や丁寧語であるとは考えにくい。＊小説 **丹下左膳**（林不忘）〔一九二七〕「（鈴川源十郎）**大人気ない。が、参るぞ丹下ッ！　……こうだッ**」▼へりくだりの気持ちがない、「行く」「来る」の重々しく堅苦しい言い方としての「まいる」の使用例が室町末期から江戸時代にかけてわずかに見られるようである。しかし江戸時代では、特に武士に限った言葉ではなかった。後に、堅苦しい言い方としての「まいる」が、**〈武士ことば〉**として採用された可能性が高い。▼大正から昭和初期における時代物の映画や小説、講談において**〈武士ことば〉**としての「まいる」が盛んに用いられている。＊講談 **荒木又右衛門**（大《おお》河《こう》内《ち》翠《すい》山《ざん》）〔一九三六〕「**そのうちにドンドーンと勇ましくひびく、試合開始の太鼓の音。「サア甚助参れ」というと又右衛門**（中略）**この時に又右衛門ヒラリ馬の頭を立て直し、「甚助、参るぞ！」というと追駈けはじめた。**」▼「まいる」と同じくもともと謙譲語であったものが、謙譲の意味を持たず、堅苦しい、重々しい言い方として用いられるようになったものに「**申す**」がある。

〔岩田〕

まじ

まじ（形容動詞・副詞）

「まじめ」「本気」に相当する俗語的表現。発話者の若さ、中等から下の品位・格を想起させる語である**〈若者ことば〉〈芸人ことば〉**。

▼もともとは、人の様態を表す言葉。「まじめ（真面目）」（本気であること・誠実であること）の略語。「しゃれ（洒落）」（冗談・遊び）の反対語に当たる。近世期江戸語から使用例が見られ、「まじになる（しゅんとなる）」「まじで居る（難しい顔をしている）」などのように使われた。江戸の遊里《ゆうり》で用いられる粋な言葉であった。＊洒落本 **にやんの事だ**（止動堂馬呑《しどうどうばどん》）（一七八二）「**気の毒そふなかほ付にてまじになり**」▼以降、芸能の分野などで「まじめ」を意味する「楽屋言葉」として用いられ、一九七〇年代半ばに咄家がラジオ番組で使用したことをきっかけに流布するようになった（松本修　二〇一〇）。その後、若者の間で使われるようになり、話し言葉として一般化した（川崎洋　一九八五）。＊ドラマ **不良少女と呼ばれて・第一回**（原作：原笙子）（一九八四）「（相模悪竜会メンバー［不良グループの一員］）**笙子、こいつマジだよ？　マジな奴をやれねぇよ**」▼一九七〇年代からの「ツッパリブーム」に乗り、一九八〇年前後にはツッパリイメージで売る人気アイドルが、歌詞に「まじ」を使った歌を発表した。このこ

とにより、「まじ」とアイドルのツッパリイメージが一体化した形で世間に広まったと見られる。＊流行歌 **喝！** （作詞：売野雅勇・唄：シブがき隊）（一九八四）「**マジにさせる女だねマジに泣けりゃ御の字さ**」▼一九八〇年代後半になると、「まじ」は「真実であること」の意味を獲得し、同様の意の「本当」の俗語としても用いられるようになった。「まじっすか？」「まじ？」などのように、疑問の形を取って「本当か嘘か」を問う用法や、事柄に対する驚きを表現する用法がある。＊流行歌 **いい感じ　やな感じ** （作詞：須古学、市井由理・唄：EAST END×YURI）（一九九五）「**オーイオーイそりゃないってマジ？**」▼「本当」の意味も持つようになった頃からは、ツッパリブームが下火になったこともあってか、ツッパリに限らない、より広い意味での若者イメージを担う言葉になった。新聞記事によれば、一九八七年に歌手の山本コウタローが白鷗大学で行った特別講義で「いまの若者は言葉を知らない。マジ、ヤベイ（まずい）、ワッケー（若い）で会話が済んでしまう」と語り、爆笑を誘ったという（『毎日新聞』東京朝刊一九八七年四月一六日）。このことから、一九八〇年代後半には、若者を想起させる言葉として普及していたことがうかがえる。▼なぜ「真実であること」の意味も持つようになったのか。それには、一九八〇年代に、「本当」という語が、若く「きゃぴきゃぴ」とした女性を代表する言葉として広まったことが関わっていよう。当時、若い女性たちを指す「三語族」という言葉が流行した。これは、その頃の若い女性たちの発話の特徴から、彼女たちのことを「ウソー！」「ホントー！」「ヤダー！（あるいは「カワイイ！」）」の三語しか用いないとして一般に呼んだものである（小林信彦 二〇〇〇）。このように、「本当」という語の発話者として若い女性、特に、かわいらしく見せようとする「ぶりっこ」の女性がイメージされるようになる中で、若い女性らしさを担わない同意語、さらにはツッパリや一般的な若い男性といった、女性性とは対極のイメージを担う同意語として「まじ」が取り上げられたと考えられる。＊流行歌 **ぶりっこROCK'N ROLL**（作詞・作曲：翔・唄：**紅麗威甦《グリース》**）（一九八二）「**ウソ～ ホントニ～ ヤダ～**」▼「本当」に対する俗語となったことから、「本当」が持つ、何かの性質や状態がどの程度であるかを表す用法も獲得した。＊マンガ **のだめカンタービレ④**（二ノ宮知子）（二〇〇二）「**マジすごくね？ 人命救助！**」

［依田］

ませ ― 坐せ （助動詞）

丁寧の意を表す助動詞「ます」の命令形。今日ではもっぱら「いらっしゃいませ」「～くださいませ」「～なさいませ」などの形で用いられる。

▼もとは「ませい」という形をとって、重々しい、または尊大な語感を伴った命令を表していた。丁寧の「ませ」は近世初め頃から用いられたと見られるが、近世末期には尊敬の意で用いられた例が多く確認できる。古くは「まし」の形で用いられる。＊狂言 三人夫「**今のくわたいに、今度は汝らが名を折入、歌を一首読との御事じや。いそいでよみませい。**」▼近世期、すでに「くださいませ」のようないくつかの動詞に付くという使用に偏りを見せるようになる。＊落語 鹿の子餅・醫案（山風）〔一九六六〕「**それでは、せっかくの好みが無になります。どふぞ御了簡《りょうけん》を被成《なし》て下されませ**」▼現代のフィクションでも、丁寧な依頼には「ませ（まし）」が付くことがあるが、女性、特に奥様と称されるような上流階級に属する女性の使用が多い（**〈奥様ことば〉**）。＊小説 金色夜叉（尾崎紅葉）〔一八九七―一九〇二〕「（富豪と結婚したお宮）**ですからどうぞ御一所にお伴《っ》れなすって下さいまし。**」▼また丁寧な表現として、メイドや執事などの登場する作品では、「ませ」は多用される（**〈執事ことば〉〈メイドことば〉**）。＊小説 謎解きはディナーのあとで（東川篤哉）〔二〇一〇〕「（執事の影山）**まあまあ、そう興奮なさらないでくださいませ、お嬢様**」

［藤本］

まろ

麻呂・麿

（代名詞）

話し手が自分自身を指し示す一人称代名詞。

▼元来、「まろ」と「まる」は同源で、子供の自称・他称であったが、上代以前から「〜まる・まろ」のように人名にも用いられるようになったものと思われる（例「柿本人麻呂」。人麻呂の郷里・兵庫県明石市には、人麻呂をまつった「人丸神社」がある）。便器の「おまる」が語源とも言われている。今日では船の名前に「〜丸」という命名が受け継がれている。▼平安時代、貴賤男女を問わず「まろ」が一人称代名詞として用いられる例がある。＊古典 **土佐日記**（紀貫之）（九三五頃）「（高知から京都に帰る船上での子供の発話）**ある人の子の童なる、ひそかにいふ。「まろ、この歌の返しせむ」といふ。**」▼中世以降は用例が減少する中、親密な女性に対して男性が用いたり、天皇が用いたりする例があるという。▼今日、平安時代、あるいはその後の公家が用いそうな一人称代名詞として役割語化している（**〈公家ことば〉**）。「**おじゃる**」との併用が多

アニメ『おじゃる丸』Ⓒ犬丸りん・NHK・NEP
SBアニメコミックス『おじゃる丸①』16頁
ソフトバンクパブリッシング、1999年

い。＊アニメ おじゃる丸（原案：犬丸りん）〔一九九九〕「はあ…これというのも、マロのあまりの美しさのせいよのう…」

〔金水〕

みども ── 身共

（代名詞）

自分自身を表す「み（身）」という名詞に、複数を表す「とも（共）」を付けた形からできている、一人称代名詞。複数形であるが、実際に指し示されるのは単数の自分一人である。▼元来、身分の低い者が謙譲の気持ちで用いる代名詞であるが、江戸時代にはもっぱら武士の言葉として用いられ、尊大なニュアンスが付け加えられた（**〈武士ことば〉**）。＊落語 万病円（作者不詳）〔一九八五〕「しからば、その腰間を包む風呂敷を持って入ったとて、汚いと騒ぐことはあるまい。騒ぐ者があいわからんのじゃ。身共のいたしたことに文句はないだろう」

〔金水〕

もうかりまっか

儲かりまっか（連語）

「儲かりますか」に相当する大阪弁・関西弁の表現。

▼大阪の商売人は、商売仲間に会ったときに「もうかりまっか」とあいさつする、と言われている。その返事は「ぼちぼちでんな」が有名である。↓「**ぼちぼち**」▼しかし、こんな露骨なあいさつを大阪人は実際にはしないとの意見もある。金銭欲を隠さない、典型的な大阪人のステレオタイプを表現していると言える（**〈大阪弁・関西弁〉**）。＊記録 大阪弁、船場ことば、商売人、古いしきたり（明治三一年生医薬品卸業）（一九七七）「東京の人はね、大阪を評するのに、すぐに大阪弁ちゅうたら「もうかりまっかー」とゆうけど、そうざらに大阪でもなあ、会うたら「もうかりまっか」ちゅうなことばっかりゆわへんわ」

［金水］

もうす

申す（動詞）

「言う」の謙譲語・丁寧語。

▼フィクションの世界では、〈武士ことば〉〈老人語〉として用いられる。謙譲や丁寧の意味はなく、同等もしくは目下の者にも使われる。武士や老人の発話の重々しさ、堅苦しさを表す。＊小説 大菩薩峠（中里介山）〔一九一三―一四〕「（お松［遊女］）「いけませぬ、どうぞ、お放し下さい」（芹沢鴨［武士］）「わからぬ奴じゃ、拙者が承知と申すに」」▼一般に、謙譲語の中には、謙譲の意味を失って丁寧語化するものがあるが、これもその一種と考えられる。謙譲語としての「もうす」は平安時代から用いられているが、謙譲の意味を持たない「もうす」は室町時代頃から見られるようである。＊古典 徒然草（吉田兼好）〔一三三一頃〕「囲碁・双六好みて明かし暮す人は（中略）と或ひじりの申し事、耳に止まりて、いみじく覚え侍る」▼知識階層におけるこのような丁寧語としての使用が、次第に発話の丁重さや堅苦しさなどを伴うようになり、武士や老人などのキャラクターと結びついたものと考えられる。武士が「もうす」を重々しく用いた例は江戸時代から見られる。＊歌舞伎 韓人《かんじん》漢文《かんもん》手《て》管《くだの》始《はじまり》（並木五瓶《ごへい》）〔一七八九〕「（武士の長門之介）「併し、祭礼の義を貶《さみ》した者共。浪平、小性共、

兼て申付た成敗致せ。」（浪平と小性二人）「**畏りましてござります**」」▼江戸時代を通して歌舞伎などでは武士の言葉としてよく見られる。＊[歌舞伎] 小袖曽我《こそでそが》薊色縫《あざみのいろぬい》（河竹黙阿弥《もくあみ》）（一八五九）「（因幡之助［若殿］）「**臺藏**《だいぞう》**、扣**《ひか》**へい。**」（家臣の臺藏）「**じゃと申て。**」（因幡之助）「**ハテ、扣へいと申に。**」」▼このような歌舞伎などでの使用が、その後、明治の講談や小説などに受け継がれ、**〈武士ことば〉**や**〈老人語〉**として定着したものと考えられる。＊[小説] 武蔵野（山田美妙）（一八八七）「**平太も今は包みかね、**「**ああ術ない。いたわしいけれど、さらば仔細を申そうぞ。**」」（平太は三〇歳前後の武士）

［岩田］

やがる

やがる　（助動詞）

動詞連用形に付いた「あがる」から変化して、「やあがる」や「やがる」となったもの。動作主に対する蔑みの気持ちを表す。

▼近世以降、その動作の主体をののしったり、卑しめたりなど悪く言うような場合に用いられる**〈男ことば〉〈江戸ことば〉**。＊[滑稽本]**浮世風呂**（式亭三馬）（一八〇九—一三）「**こちらの男見て「べらぼい、手拭《てのごひ》が落たイ。何をうか〳〵しやアがる」トわらひながらいふ**」＊[小説]**魔風恋風《まかぜこいかぜ》・前編**（小杉天外）（一九〇三）「（吉兵衛）**うん彼の小阿魔《こあまッ》ちよ、帰つて来やがツた……**」▼相手への威嚇やののしりの言葉として、若者や荒くれ者を中心に、「〜やがれ」や

「〜やがるな」などの命令・禁止の形や、「やがる」に終助詞「わ」が付き、融合した「〜やがらあ」（「わ」は「あ」に音変化）などの形で現れることも多い。＊脚本 リヤ王（原作：シェークスピア・訳：坪内逍遙《しょうよう》）〔一九一二〕「（敵対する人物に向けてのケント伯のせりふ）さ、卑劣な、下賤な、気取屋め、抜きゃァがれ。」＊小説 大菩薩峠（中里介山）〔一九一三―四一〕「七兵衛になりきり風のように駆け抜けるもよし。はたまた「ちぇっ、ばかにしてやがらあ」と米友よろしくふて寝するもよし。」▼不良のイメージを持たせた『勝手にしやがれ』（一九七七、作詞：阿久悠・唄：ジュリー）といった曲などもある一方で、年齢や出身、身分などの人物像よりも、その時の話者の感情を多分に伝える働きがあり、昂奮して話す若い男性のせりふに見られることも多い〈男ことば〉〈やくざことば〉。＊小説 オレたちバブル入行組（池井戸潤）〔二〇〇三―〇四〕「（主人公の同僚の四〇代男性）しきりにお前のことをこきおろしてやがった。」＊童話 謎のズッコケ海賊島（那須正幹）〔一九八七〕「（悪者の社長）まちがいない。例の書きつけのかたわれだぜ。草川のじじい、やっぱりかくしてやがったんだな。」▼「やがる」と同様、「くさる」「けつかる」なども動詞の連用形に付き、ののしりの言葉として用いられる〈男ことば〉。＊滑稽本 東海道中膝栗毛（十返舎一九《じっぺんしゃいっく》）〔一八〇二―一四〕「（ごん助）ナニぬかしくさる。おどれら、やばなことはたらきくさるな」＊小説 雁（森鷗外）〔一九一一―一三〕「（末造）かかあ奴《め》。平気で寝てけつかる。己だって、いつも金のことばかり考えているのだと思うと、大違いだぞ。」

［藤本］

よ(1)――よ（助詞）

文末に付き、判断・主張・感情などを強めて相手に知らせ、働きかける言葉。聞き手に対して注意喚起を図ることに主眼が置かれ、話し手からの働きかけに応じるかどうかは聞き手に委ねられる。

▼同様の終助詞「**ぞ**」に比べ、相手への強制力が弱く、やさしい感じや可愛らしい印象を伴う。また、終助詞「**ぜ**」が卑俗な印象を伴うのに比べ、ほどほどの品を感じさせる。目上、同等、目下の者のいずれに対しても用いることができる。＊マンガ **動物のお医者さん**①（佐々木倫子）（一九八九）「（漆原教授→高校生の公輝）**その仔犬近いうちにパルボとジステンパーの予防注射をしといたほうがいいよ**」▼さまざまな人物が使用するが、あわせて用いられる一人称代名詞や、直前の語がどの品詞であるかによって発話者の人物像が限定される。たとえば、直前に活用語が付くかどうかで表す性別が限られる。また、直前に付く断

定の助動詞が何であるかによって年齢層が変わる。＊[マンガ] **DRAGON BALL⑤**（鳥山明）〔一九八七〕「（老人）**わしがこどものころにはけっこうたくさんあったもんじゃよ**」＊[マンガ] **名探偵コナン㉗**（青山剛昌）〔二〇〇〇〕「（コナン〔小学生〕）**ねえ！ ドアの所でボク 変な物見つけたよ！**」▼**〈女ことば〉**としては、「行くわよ」、「静かよ」のように断定の助動詞（「じゃ」「だ」「っす」など）を介さずに文末で直接、終助詞「の」「わ」や、名詞、形容動詞の語幹に付き、上昇調のイントネーションで発音される。子供から大人まで、女性としてふるまう人物が広く用いる。子供が用いると、大人びた、ませた印象を伴う。＊[マンガ] **DRAGON BALL⑤**（鳥山明）〔一九八七〕「（オカマのブルー将軍→部下）**まだ 発見できないの!? レッド総帥はご立腹よっ!!**」＊[マンガ] **クレヨンしんちゃん㉕**（臼井儀人）〔二〇〇〇〕「（幼稚園児のネネ）（リアルおままごとの配役を説明する）**ボーちゃんは江口洋介《えぐちようすけ》風《ふう》のトレンディー俳優 私は森高千里《もりたかちさと》風《ふう》の美人ミュージシャン 2人は新婚 超ラブラブカップルよ**」▼終助詞「よ」が**〈女ことば〉**であることには、江戸時代以降の江戸での使用状況が関わっている。もともと江戸語の終助詞「さ」「よ」には断定を表す用法があり、断定を表す他の語を介さずに用いられていた。いずれも男女ともに用いるが、「さ」が上品であるのに対し、「よ」は「さ」に比べてぞんざいな語であった。そのため、それぞれの使用率には差があり、「さ」の使用は女性のほうが男性に比べて高く、「よ」は男性のほうが女性よりも高かった。明治時代に入ると、標準語として丁寧語の助動詞「です」の使用が広まった。それにより、「さ」は丁寧性が薄れたため、女性が用いなくなってもっぱら男性が使う言葉となった。一方、「よ」は「さ」が男性語化したために男性の使用が減ったことから女性の使用を促し、女性が自立へと歩みだした明治の時代背景も相まって「〜のよ」などの女性独自の用い方が生み出されるのにつながった（長崎靖子 二〇〇四）。この、明治時代に見られた断定を表す言葉の使われ方の分岐が、現代の**〈女ことば〉**としての終助詞「よ」、**〈男ことば〉**としての終助詞「**さ**」の棲み分けにつながっている。

［依田］

よ(2) —— よ（助詞）

文中の文節末に置いて、ポーズを取ったり音調を整えたりする言葉。

▼田舎者像のうち、特に男性が用いる間投助詞。「よぉ／よー」と表記されることもある（**〈田舎ことば〉**）。さまざまな語の後ろに付き、語調を整えたり、感情を込めたりする。間投助詞「**さ**」に比べると、粗野な感じを伴う。＊流行歌 **津軽平野**（作詞・作曲：吉幾三・唄：千

昌夫）〔一九八四〕「**山の雪どけ　花咲く頃はよ　かあちゃんやけによ　そわそわするね**」＊コント **都会のナポレオン**（劇団ひとり）〔二〇〇四〕「（山岡春樹［茨城のヤンキー］）アインシュタインバンドっつってよ、**記憶力が飛躍的にアップするわけよ。今スゲー来てっからよ。あんま、頭よくねぇからよ。**」▼発音する際はまず「よ」を一度高く上げ、そのあとで母音の「お」を伸ばしながら下降させる「戻し付きの末尾上げ」（定延利之 二〇一一）のイントネーションになる。▼間投助詞の「よ」は古くは平安時代頃から見られる。＊古典 **源氏物語**（紫式部）〔一〇〇〇頃〕「**さればよ、なほけ近さは、とかつおぼさる**」

［依田］

よか

良か（形容詞）

形容詞「よい」の九州・肥筑方言における終止・連体形。▼福岡県、長崎県、佐賀県、熊本県にまたがる九州北西部の方言・肥筑方言では、形容詞の終止・連体形が「語幹＋か」の形になる（例「うまか」「赤か」）。▼「よか」をふくめた形容詞の「か」形が、「**おいどん**」「**ごわす**」「**〜と**」「**ばってん**」などと並んで、〈**九州弁**〉の重要な指標となる。＊マンガ 博多っ子純情①（長谷川法世）（一九七七）「「親っさん　六平ももう一人前の若手ですけん　心配な要らんですばい」「それならよかですばってん」」

〔金水〕

よっしゃ

良っしゃ　（感動詞）

許諾、認可を表す表現。「良しや」の変化した形。▼〈大阪弁・関西弁〉として広く用いられる。人にものを頼まれて請け合う場面（例「手伝いに来て」「よっしゃ、わかった」）や、何かの作業が終わったときに独り言的に言う場面（料理を作っていて「よっしゃ、できた」）などを典型とする。「ＯＫ」に相当する。相手のあるときは、同等あるいはそれ以下の者に対して用いる。＊マンガ 好きやねん①（おおつぼマキ）（一九九五）「（マミ）（テレビの競馬中継で父親が賭けた馬がのびてきたのを見て）よっしゃー」▼「よっしゃよっしゃ」が第六四代・六五代内閣総理大臣・田中角栄の口癖だったとされ、ロッキード事件でヤミ献金を受け取ったときもそういったと言われるが、本人は否定している。田中角栄の出身地は新潟県であり、この地域の方言の語彙には「よっしゃ」はない。▼近年では、女性アイドルなど若者が大阪弁の文脈とは関係なく、気合いを入れるかけ声として「よっしゃー」などと叫ぶことがある。大阪弁の語彙が共通語化している例と言える**〈若者ことば〉**。＊流行歌 ＡＫＢ参上！（作詞：秋元康・唄：ＡＫＢ48）〔二〇〇八〕「よっしゃー我らがＡＫＢ　団結48」

［金水］

よろしい

宜しい　（形容詞）

ここでは、中国人やその他の外国人の**〈ピジン〉**や**〈片言〉**に現れる文末表現の「よろしい」または「よろし」を取り上げる。

▼動詞の終止・連体形に「よろしい」（または「よろし」）を付加して、命令、依頼、許可などの意を表す。たとえば「食べるよろしい」「食べるよろし」は、文脈によって「食べろ」「食べなさい」「食べてください」「食べてもいいです」などの意味のいずれかに相当する。▼幕末から明治期の横浜の外国人居留地で、外国人（西洋人・中国人）と日本人がコミュニケーションする際の片言ないしピジン日本語として発生した。仮名垣魯文《かながきろぶん》『西洋道中膝栗毛』（一八七〇）を初出

とする。また*Exercises in the Yokohama Dialect*（横浜方言の練習）〔一八七九、改訂増補版〕という一種のジョーク本にも見える。これらの例では、肯定の文末表現「**あります**」とともに用いられている。＊記録*Exercises in the Yokohama Dialect*（改訂増補版）〔一八七九〕「**二〇番ホテルまろまろ**（＝行く）**よろしい**」▼宮沢賢治「山男の四月」（『注文の多い料理店』一九二四〔大正一三〕所収）では「支那人」が文末表現「～ある」とともにこの「よろしい」を用いている。＊童話 **山男の四月**（宮沢賢治）〔一九二二〕「**あなた、この薬のむよろしい。毒ない。決して毒ない。のむよろしい**」▼以後、「**ある**」と「よろしい」は中国人を表象する文末表現として、戦前、戦後を通じ、近年に至っても用い続けられている（**〈アルヨことば〉**）。＊マンガ 三つ目がとおる⑩（手塚治虫）〔一九七六〕「**そこの女ここへこい　プリンスの相手をするよろしい**」

〔金水〕

わ行

わ —— わ（助詞）

文末の動詞・形容詞・形容動詞・助動詞（推量・意志・勧誘の助動詞「う」「よう」は除く）の後ろに付け、発言の種類を聞き手に知らせる言葉。

▼女性としてふるまう人物が用い、自分の感情の確認や表明をする（**〈女ことば〉**）。年齢や社会階層にかかわらず、広く用いられるが、**〈老人語〉**を話す人物は用いない。発音する際には上昇調のイントネーションを用いる。＊[アニメ]風の谷のナウシカ（監督：宮崎駿）〔一九八四〕「（少女ナウシカ）石になった木が砕けて降り積もっているんだわ」＊[小説]誰か Somebody（宮部みゆき）〔二〇〇三〕「（奈穂子）そんなことにならないといいわ。ううん、そんなこ

とにはならないわよ」▼後ろに終助詞「**ね**」「**よ**」が付くこともある。明治時代に女学生の間で使用された、いわゆる「てよだわ言葉」のうちの「〜（だ）わ」に当たる。しかし、女性の中でも「お嬢様」を印象づける「〜てよ」とは異なり、一般的な女性性を表す。↓「て」＊マンガ のだめカンタービレ②（二ノ宮知子）〔二〇〇二〕「（奥山真澄［乙女チックな男子大学生］）**あんたたちはいいわよね**（中略）**どっちもひとりで演奏できる楽器だものね**」＊マンガ 黒子のバスケ②（藤巻忠俊）〔二〇〇九〕「（女子高生監督を務める相田リコ）**全員揃ったわね！**」▼初出は明治時代である。近代に入って女性にも学問が認められ、教養のある若い女性の語らいの場が誕生した。それが背景となって東京で、江戸時代に話されていたものとは異なる、新しい話し方である「てよだわ言葉」が若い女性の間で生まれた。それは、女学校を媒介にして**〈女学生ことば〉**として広まり、次第に女学校の枠を超えた近代的な**〈女ことば〉**として全国へと波及した（金水敏　二〇〇三）。＊小説 浮雲（二葉亭四迷）〔一八八七―八九〕「（お勢）**親友が出来たから**（中略）**気丈夫になりましたわ**」▼一般庶民から身分の高い者まで、男性にも女性にも、年齢層や出身地域にかかわらず、広く用いられる「わ」もある。下降調のイントネーションで発音されるのが特徴である。聞き手に対して何かを働きかけると言うよりは、話者自身の感情や意志を表に出すことに主眼が置かれるため、やや突き放すようなぞんざいな物言いになる。庶民が用いると、粗野な印象になり、身分の高い者が用いると、尊大さが感じられる。＊[ドラマ]あまちゃん・第一〇八回（脚本：宮藤官九郎）（二〇一三）「（社長の荒巻太一→部下）おまえごときが俺にビジネス語るなんざ、目にもの見せてくれるわ！」▼田舎者や魔女などのせりふでは後ろに終助詞「さ」が付くこともある。古くは室町時代頃から見られる。＊[小説]**閻魔《えんま》王牒状《おうちょうじょう》**（澤田ふじ子）（一九九四）「（猟師の源蔵）山のなかは寒いわさ。」

〔依田〕

わがはい

吾輩・我輩（代名詞）

知的なイメージの男性が用いる一人称代名詞。

▼一五世紀文献から見え、当初は一人称複数（われわれ）を表す代名詞であった。明治時代になると、〈**書生語**〉の一部として、知的階級の若い男性によく用いられるようになった。＊[小説]**当世書生気質**（坪内逍遙《しょうよう》）（一八八五―八六）「**今日も我輩《ワガハイ》が、浅艸《あさくさ》まで遊歩せんか**、といふたが」▼夏目漱石『吾輩は猫である』で主人公の猫が「吾輩」と言っているのは、飼い主の珍野苦沙弥《くしゃみ》先生の口まねをしているのである。苦沙弥先生は、もと書生であり、現

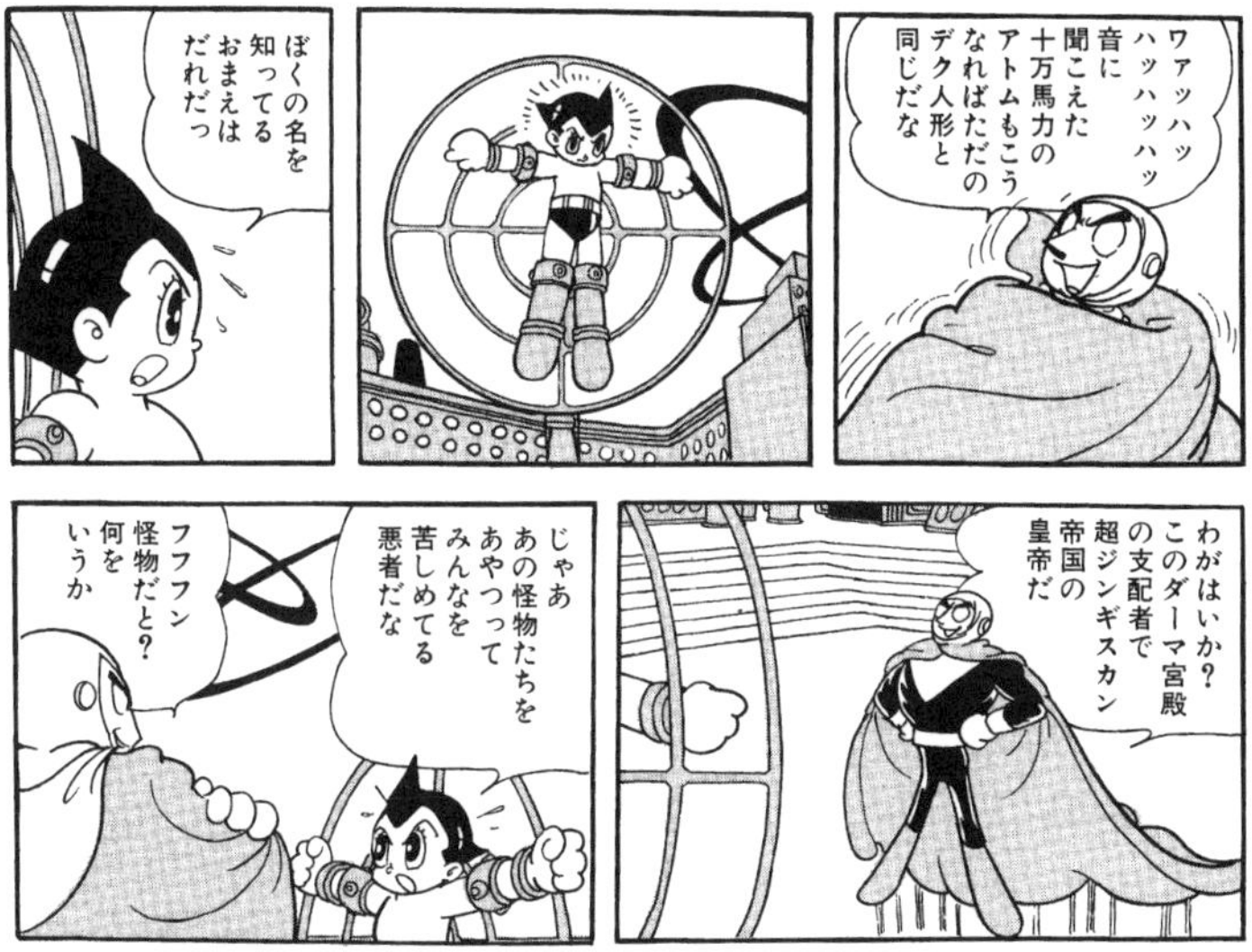

手塚治虫『鉄腕アトム⑥』365頁
講談社（KCスペシャル）、1987年
ⓒ手塚プロダクション

在は知識人階級（教師）にいるので、「吾輩」も使用語彙に含まれるのである。＊小説 **吾輩は猫である**（夏目漱石）〔一九〇五―〇六〕「**吾輩はここで始めて人間といふものを見た。然もあとで聞くとそれは書生といふ人間中で一番獰悪《どうあく》な種族であつたさうだ。**」▼今日のポピュラーカルチャー作品では、**〈上司語〉〈博士語〉**など、知識や権力のある男性の言葉の一部として、「**しょくん**（諸君）」「**〜たまえ**」などとともに用いられる。＊マンガ **鉄腕アトム⑪**（手塚治虫）〔一九六三〕「（アトム）「**ぼくの名を知ってるおまえはだれだっ**」（皇帝）「**わ**

がはいか？　このダーマ宮殿の支配者で超ジンギスカン帝国の皇帝だ」」

［金水］

わし ― 儂（代名詞）

一人称の代名詞。主に〈**男ことば**〉として用いられる。

▼近世期から用いられていたが、当時は主に女性が、親しい相手に対して使用していた。＊［浄瑠璃］**曾根崎心中道行**（近松門左衛門）〔一七〇三〕「（お初）**帯は裂けても主様《ぬしさま》とわしが間《あひだ》はよも裂けじ**」▼その後、武士の間に広まり、さらにそれが権威のある物言いとして、年配者の話にも用いられるようになり、次第に「わしが知っとる」のように「わし」という一人称は、老人、博士などのキャラクターの特徴となる（〈**老人語**〉〈**博士語**〉）。これらは一人称「わし」のほか、助動詞「**じゃ**」「**とる**」の使用など西日本方言の特徴を有している。＊［小説］**ある宇宙塵の秘密**（海野十三）〔一九三五〕「（博士）**わしはいよいよ最後の努力をするつもりだ**」＊［マンガ］**YAWARA! ①**（浦沢直樹）〔一九八七〕「（老人）**わしよりもずっと強い、あんたと同じ年の娘をわしゃ知っとる!!**」▼老人、博士とも一定の年齢以上にある人物という点で共

通しており、関西を含め西日本出身の人物の場合も中年以上の人物に用いられることが多い（**〈大阪弁・関西弁〉**）。＊マンガ 名探偵コナン79（青山剛昌）〔二〇一三〕「ん？ 大滝ハン、どこ行くんや？ 東京駅こっちやで？」「あ、先に帰ってええで…ワシはちょっとこっちで野暮用があるさかい…」」▼この他、田舎者キャラクターにも用いられる（**〈田舎ことば〉**）。明治期の作品では田舎の若者が「わし」を用いて話す例がある。＊脚本 真夏の夜の夢（原作：シェークスピア・訳：坪内逍遥《しょうよう》）〔一九一五〕「（機織り職人ボトム）わし情けねえでがす、わしそんなものでありましねえだから、うんね、わしァ他の人間と変りッこのねえ男でがす」▼**〈大阪弁・関西弁〉**としては、「わし」以外にも、その派生形としての「わい」や「**わて**」などが確認できるが、「わし」と比べると、使用者が下町の出身であったり、野卑な性格であったりと個別の話者のキャラクターと結びつきやすい。＊マンガ プロゴルファー猿（藤子不二雄Ⓐ）〔一九七四〕「（猿谷猿丸［猿の

ワシがこの指揮台の上でやることはただひと——っ
一ヵ月後の演奏会までに君らをゼニのとれるオーケストラにすることや
さそうあきら『マエストロ①』34頁
双葉社、2004年
ⓒさそうあきら／双葉社

ような野生児」）わいは猿や、プロゴルファー猿や。」＊小説 オレたちバブル入行組（池井戸潤）〔二〇〇三—〇四〕「（大阪の町工場の社長）今回の件でも、大口の大事な客にはカネを払ったのに、わてらのような零細企業には知らん顔や」

［藤本］

わたくし ― 私（代名詞）

一人称代名詞の一つ。「わたし」よりさらに改まった、あるいはへりくだった場面で用いる表現。

▼男女を問わず、自分より目上の人、客、主人などに対して用いる。使用者は男性であれば、ホテルマン、執事など。女性であれば、**〈奥様ことば〉〈お嬢様ことば〉**として、他に女王様、お姫様、女召使いなどが用いるイメージがある。＊小説 不如帰《ほととぎす》（徳冨蘆花《ろか》）〔一八九八—九九〕「「ほほ、**わたくし**も行きたいわ」「行きなさいとも、行こういっしょに」」▼やくざ、香具師《やし》などの口上で用いられる（**〈やくざことば〉**）。映画「男はつらいよ」シリーズでテキヤ（露天商）の寅さんが使う口上が有名。例「わたくし、生まれも育ちも葛飾柴又、帝

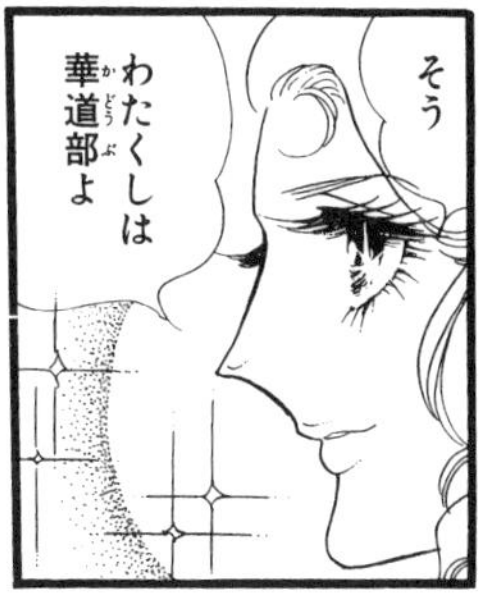

池田理代子『おにいさまへ…①』71頁
中央公論新社（中公文庫コミック版）、2002年
©池田理代子プロダクション

釈天で産湯を使い、……」。▼ややぞんざいな発音で「あたくし」となることもある。使用者は「わたくし」とほぼ同じ。＊[小説]**お嬢さまの逆襲！**（森奈津子）〔一九九二〕「**あたくしの名前は綾小路麗花。鹿鳴館の時代から続く高級食品店として有名なスーパー小路屋の社長令嬢よ。**」

［金水］

わちき

わちき　（代名詞）

一人称の代名詞「**わたくし**」の変化したもの。もっぱら〈**女ことば**〉として用いられる。▼現代のポピュラーカルチャー作品で遊女が登場した場合、一人称はこの「わちき（あちき）」か「わっち」が用いられる〈**遊女ことば**〉。＊[マンガ]**ＪＩＮ―仁―③**（村上もとか）〔二〇〇三〕「**あちきはこの身と心であなた様にお仕えします**」＊[マンガ]**さくらん**（安野モヨコ）〔二〇〇三〕「**わっちはいりんせん**」▼「わちき（あちき）」は歴史的には近世の芸娼妓、町屋の女性が用いた一人称である。＊[人情本]春色梅児誉美《しゅんしょくうめごよみ》（為永春水《ためながしゅんすい》）〔一八三二—三三〕「（お蝶［若い女性］）姉さんと私《わちき》と、同道につれてお出なさいな」▼また、「わっち」も近世の遊女が一人称として用いているほか、身分の低い階層の町屋の男女も使用している。＊[洒落本]柳巷訛言《さとなまり》（朋誠堂喜三二《ほうせいどうきさんじ》）〔一七八三〕「（女郎）わつちやいつそ侍になりたふありいす」▼なお、遊女が客に対して用いる二人称は「ぬし」である。＊[洒落本]傾城買《けいせいかい》四十八手（山東京伝）〔一七九〇〕「（女郎）ぬしやァいつそ気がつまりんすョ。」

〔岡﨑〕

わて

わて（代名詞）

一人称を表す「わて」は、「わたし」のくだけた言い方である「わたい」の変化した代名詞。類語として「わい」や「あて」がある。

▼方言として主に関西で、また、栃木県・千葉県・新潟県・福井県・山梨県・岐阜県の一部でも使用される。京言葉としての「わて」は年配の女性が用いるとされるが、京都では「あて」、大阪で「わて」が用いられるという意識があるという。▼「わて」は初め女性語で

あったが、後に男性も用いるようになった。＊小説 父親（里見弴）〔一九二〇〕「（きん助）**わてだっか？……阿呆らしい、こんな婆がおはなにいてどうなりまんね**」＊エッセー 定本船場ものがたり（香村菊雄）〔一九八六〕「**小さいころから、私は自分のことを「わて」といっていた。しかし、それは家族の中だけのことで、学校では「ぼく」といっていた。家で「ぼく」といえば叱られ、学校で「わて」といえば笑われるから、自然にうまく使い分けていたのだ**（中略）**父も家族の間では「わて」であったが、奉公人の前では「わし」といった**」▼役割語としての「わて」は、**〈大阪弁・関西弁〉**を話すキャラクターに使用される。たとえば関西の人気コメディドラマ『番頭はんと丁稚どん』〔一九五九―六一〕に番頭役で登場した芦屋雁之助の「わてが雁之助だんねん」のギャグが有名である。▼さらに「わて」は、**〈大阪弁〉**のなかでも特に大阪市船場で商人が用いた「船場言葉」としての印象が強い。船場を舞台にしたドラマにNHK連続テレビ小説『鮎のうた』がある。＊脚本 鮎のうた・上（原作：花《はな》登《と》筐《こばこ》）〔一九七九〕「**「おゆうどんが知ってます」あゆの表情を見ていたお咲が言った。「いえ、わては……」あゆは後退りしたが、……**」▼また、「わて」は登場人物の加齢とともに、ある時期から自称詞として用いられるようになる。同じ人物でも幼少期は「わて」でなく「うち」を用いる。＊脚本 鮎のうた・上「（少女時代のあゆ）**そう言ってあゆの身体を抱こうとしたが、あゆはきびしく保太郎の手を払いのけると、父を睨みつけた。「うちは**

ひとりや！」」＊エッセー 定本船場ものがたり（香村菊雄）〔一九八六〕「祖母はじめ女たちは「わて」を使うが、若い女の子は「うち」という方が多い。家庭でも両方の言い方をしていた。しかし、よそゆきには「わたし」である」

〔大田垣〕

わらわ

私／妾（代名詞）

この項目では、女王様やお姫様、魔女、巫女など、他者を従わせる立場にある女性が用いる一人称代名詞〈**女ことば**〉〈**お姫様ことば**〉を取り上げる。

▼特に、自らの身分や権力、能力を背景にして自分自身に相手が従うことを当然だと思っている人物が用い、高圧的、わがままといった印象を伴う。断定の助動詞「**じゃ**」、打消しの助動詞「**ぬ**」、補助動詞「**おる**」といった、〈**老人語**〉と共通の表現とともに用いられることが多く、発話者の身分の高さや印象の古めかしさ、態度の尊大さを印象づける。＊ドラマ 大奥～第一章～・第二話（脚本：浅野妙子）〔二〇〇四〕「（竹千代の生母お江与→竹千代の乳母）

世継ぎは竹千代とは限らぬぞ。わらわは身ごもうておるのです。なんじゃ、その顔は。祝

いの言葉も出ぬほど驚いておるのか。」＊[マンガ]ONE PIECE 53（尾田栄一郎）〔二〇〇九〕「（女ヶ島皇帝蛇姫ボア・ハンコック）わらわの気まぐれで国が滅びようとも……みな許してくれるなぜなら…そうよわらわが美しいから!!」▼もとは「童《わらわ》のような未熟者、幼稚な者」の意味で用いられた謙遜した言い回しであり、平安時代頃から見られる。主に女性が、身分にかかわらず、広く用いた。近世から明治初期の小説においては、女性性の指標として大きな位置を占めた（高田知波、一九九六）。仮名垣魯文《かながきろぶん》の戯作『高橋阿傳夜刄譚《たかはしおでんやしゃものがたり》』（一八七九（明治一二）年）では、悪女阿伝《おでん》のせりふのうち、「わらは（わ）」は筆者（仮名垣魯文）の視点から間接的に発話の内容を記した部分にのみ用いられ、呼びかけの感動詞「これ」「もし」、丁寧語の「ます」などを伴って話者の口調が生かされた部分には「わたし」、「わたくし」が充てられている（高田知波 一九九六）。この頃には、女性の自称詞の中でも「わらわ」は、文語的な、格式ばった、古めかしいイメージを持たれるようになっていたのであろう。＊[狂言]花子《はなご》（一六六〇）「（主人の妻↓使用人）おのれめは殿はこおふて（恐うて）わらわはこおふはないか、で、打ち殺そ」＊[小説]高橋阿傳夜刄譚・七編上・一九（仮名垣魯文）〔一八七九〕「（阿伝）小商ひにてはいつの時にか大利を得てふたり樂《たのし》みを極むるに至らん夫《それ》には資本《もとで》に有付《ありつく》策あり妾《わらわ》に諸事委《まか》せ給《たま》へ」▼明治時代後期以降の戯曲・小説になると、主に、江戸時代以前の日本を舞台にした時代物に登場する女性が用いている。これらのことから、明治時代の終わり頃には、「わらわ」を用いる発話者と言えば、当時の一般女性とは一線を画する古めかしい印象の女性が想起され、現代の役割語につながる基盤ができあがっていたと考えられる。＊脚本 南蛮寺門前《なんばんじもんぜん》（木下杢太郎《もくたろう》）〔一九〇九〕「（菊枝→友人の千代）（舞台は室町時代の京都）妾《わらわ》はな、近ごろ大《いか》い苦労をしておぢやつた。」＊歌舞伎 修禅寺物語（岡本綺堂《きどう》）〔一九一一〕「（将軍源頼家の側女→武士）初見参《ういけんざん》の妾《わらわ》に対して、素姓賤しき女子《おな》などと、迂闊《うかつ》に物を申されな。妾《わらわ》は都の生れ、母は殿上人にも仕へし者ぞ。」

〔依田〕

われ

我（代名詞）

ここでは、大阪・河内（＝大阪府東部地域）方言の二人称代名詞「われ」を取り上げる。▼古語の一人称「われ（我）」を語源に持つが、大阪・河内方言では話し相手のことを指す人称代名詞として用いる。これは「われ」が本来、主語の人物と同じ人物を指し示す反照代名詞であり、一人称にも二人称にも転化する可能性を持っていたことによるものと考えられる。▼河内方言では単に相手を指し示すだけでなく、終助詞のように発話の最後に

「われ」を添加して用いることも多い。気性が荒くあけすけな河内人のステレオタイプをよく表現する言葉である（**〈大阪弁・関西弁〉**）。＊小説 告白（町田康）〔二〇〇五〕「（銀三→平次）**別にわれとこ一軒で出せちゅてへん。水車つぶしたんはわれとこの餓鬼だけちゃうで。**」〔金水〕

われわれ

我々（代名詞）

一人称の代名詞「われ（我）」の複数形。「わたしたち」と同意だが、独特の硬い語感を持つ。

▼所属する集団の持つ意思を社会や大勢の民衆に向けて表明する人物が、自らを指して用いる（**〈演説ことば〉**）。使用者は政治家、活動家、スポーツチームに所属する選手、犯行組織のメンバーなどが想起される。性別にかかわらず、分別のある大人としてふるまう人物が用いる。目上、同等、目下の者のいずれに対しても用いることができるが、格式ばった、あるいは、気取った感じを伴う。連用中止形（「焼鳥を食べ、ウーロン茶を飲み、……」の「食べ」「飲み」のように、動詞に「て」を付けずに文を続けていく形）や漢語などが多用された、書き言

葉的な硬い文体で用いられ、文末が「です」ではなく、「だ」「**である**」「**であります**」となる傾向にある。また、聞き手を指す「**しょくん**（諸君）」とともに用いられることも多い。

＊マンガ ベルサイユのばら⑦（池田理代子）〔一九七四〕「（平民議員）しょくん！　われわれは全フランスの96パーセントをしめる平民の代表だ　したがってわれわれこそが真のフランス国民の代表であるといえる」＊マンガ 百年の祭り⑤（たかもちげん）〔一九九三〕「（選挙後の記者会見で）盟主児島に代わって声明文を読み上げる（中略）我々は児島新党である！　既成の政党に挑戦状を送るものである！」▼フィクションの世界で、地球征服を企てる宇宙人が自らを指して用いる（**〈宇宙人語〉**）。文末は、丁寧の助動詞「です」「ます」を用いない形が取られ、特に「〜だ」で終わることが多い。発音する場合は、電気的処理を施したような声を使い、抑揚をつけずに平坦に話す。▼宇宙人が「われわれ」と称するのは、早くは戦前、また、戦後すぐに発表された少年向けSF小説に見られる。しかし、そこに出てくる宇宙人は地球人の敵ではなく、高度な技術や知識を提供して地球人と交流を持つ生命体として描かれている。＊小説 宇宙の迷子（海野十三）〔一九四七〕「わがジャンガラ星人なら、みなそうなんだ。われわれは**地球人の知能のあまりにも低いのに深く同情する**」▼一九五七年一〇月に公開された特撮映画『鋼鉄の巨人　怪星人の魔城』には地球の乗っ取りをもくろむ宇宙人が登場し、地球人に対して「われわれ」と自称する。その声には、発声した後

も響きが残る電子的な処理が施されている。また、同年一二月に公開された特撮映画『地球防衛軍』でも地球人の敵として宇宙人が登場し、「われわれ」を用いている。その声は機械音のような震えたものであり、話し方には抑揚がない。**〈宇宙人語〉**「われわれ」が表す人物像や話す言葉・話し方の原形は、この頃に作られたと見られる。以後、『ウルトラマン』などの「空想特撮シリーズ」のテレビドラマを通してお茶の間に流れ、「われわれ」は広く普及した。＊ドラマ **ウルトラセブン・第五話**（脚本：菅野昭彦）（一九六七）「**われわれはヴィラ星人。全宇宙の征服者だ。**」▼マンガ『Dr.スランプ』には名古屋弁で話す宇宙人が登場し、名古屋弁では宇宙人として不自然であると家来から指摘される場面がある。これは、この頃には、宇宙人にふさわしい話し方として想起される一般的なイメージが存在していたことを表している。＊マンガ **Dr.スランプ③**（鳥山明）（一九八〇）「（ニコチャン大王）「**あそこをやっつけたりゃあ**（中略）**一〇〇個の星をせんりょうすることになるがや**」（家来）「**宇宙人が名古屋弁をしゃべるのはやめてください**」（大王）「**なに〜〜っ！　おみゃあーー名古屋弁をバカにするんかっ!!**」（家来）「**い　いえ　ただ　不自然だというのです…**」」

［依田］

ん

ん　ん（助動詞）

共通語、東日本方言の打ち消しの助動詞「〜ない」に相当する。↓「**ぬ**」
▼古語の否定の助動詞「ず」の連体形「ぬ」が変化した形。動詞の未然形に接続して打ち消しを表す。今日では、西日本諸方言で広く用いられている。▼役割語としては、**〈大阪弁・関西弁〉〈田舎ことば〉〈書生語〉**の一部としてよく用いられている。以下は**〈大阪弁・関西弁〉**の例。＊マンガ じゃりン子チエ⑥（はるき悦巳）〔一九八〇〕「**もしもし**　だるま屋かワシや　分からんのか　テツじゃ」▼**〈田舎ことば〉**として表現されたものには、東日本方言の要素と西日本方言の要素が混ぜ合わされて用いられることがよくある。この「ん」

は、「～じゃ」と並んで西日本方言の要素の代表である。＊脚本 夕鶴（木下順二）〔一九四九〕「（与ひょう）うふん……おらつうがいとしゅうてならん。」▼明治時代の学生である「書生」は、関東以東出身の者もいたが、西日本からやって来た者も多く、彼らが持ち込んだ西日本方言が〈書生語〉を特徴づけた。否定の助動詞「ん」もその一つで、今日では医者、政治家、大学教授など地位や教養のある年配の男性の話し言葉によく「ん」が用いられる（〈老人語〉〈上司語〉）。＊マンガ 鉄腕アトム⑫（手塚治虫）〔一九六三―六四〕「（アトム）「船からでしょうか」（お茶の水博士）「そうかもしれん」」→「へん」

〔金水〕

引用出典一覧

エッセー・随筆

Colloquial Kansai Japanese　まいど！おおきに！関西弁：D. C. Palter and Kaoru Slotsve（二〇〇五）『Colloquial Kansai Japanese―まいど！おおきに！関西弁』チャールズ・イ・タトル出版

おおきに！関西弁』チャールズ・イ・タトル出版

大内旅宿：高浜虚子他（著）山本健吉（編）（一九七七）『高浜虚子・河東碧梧桐集』明治文學全集56・筑摩書房

おじゃる丸のまったり人生のススメ：犬丸りん（一九九九）『おじゃる丸のまったり人生のススメ』幻冬舎

お嬢さまことば速修講座：加藤ゑみ子（一九九七）『お嬢さまことば速修講座』愛蔵版・ディスカヴァー・トゥエンティワン

オレとボク―戦地にて：池辺良（一九九五）『オレとボク―戦地にて』中公文庫・中央公論社

現代とは？：坂口安吾（一九九八）『坂口安吾全集06』・筑摩書房

定本船場ものがたり：香村菊雄（一九八六）『定本船場ものがたり』創元社

東京婦人の通用語：竹内久一（一九〇七）『趣味』2-11（飛田良文（一九九二）『東京語成立史の研究』東京堂出版より）

絵本

おばけのなつまつり：山本和子（作）大和田美鈴（イラスト）（二〇〇三）『おばけのなつまつり』PHP研究所

どうぶつあれあれえほん：多田ヒロシ（一九七二）『だれかしら（どうぶつあれあれえほん）』文化出版局

なんでやねん：中川ひろたか（文）鈴木翼（原案）あ

おきひろえ（絵）（二〇一三）『なんでやねん』世界文化社

演説

国防の真髄：大久保周八（編）（一九二八）『現代名演説集』雄弁新年号19-1附録・大日本雄弁会講談社

歌舞伎・浄瑠璃

今宮心中：近松門左衛門（著）國民圖書株式会社（編）（一九二七）『近松門左衛門集』近代日本文學大系6・國民圖書株式會社

いろは仮名四谷怪談：鶴屋南北（著）國民圖書株式会社（編）（一九二七）「いろは假名四谷怪談」近代日本文學大系第十巻『脚本集』國民圖書株式會社

韓人漢文手管始：並木五瓶（著）浦山政雄、松崎仁（校注）（一九六〇）『歌舞伎脚本集上』日本古典文学大系53・岩波書店

祇園祭礼信仰記（一九九五）山田和人（校訂代表）『豊竹座浄瑠璃集3』叢書江戸文庫37・国書刊行会

小袖曽我薊色縫：河竹黙阿弥（著）浦山政雄・松崎仁（校注）（一九六一）『歌舞伎脚本集 下』日本古典文学大系54・岩波書店

修禅寺物語：岡本綺堂（著）藤波隆之（編著）（一九九二）「修禅寺物語」『歌舞伎オン・ステージ24 桐一葉・鳥辺山心中・修禅寺物語』白水社

容競出入湊：並木丈輔（一九八八）『容競出入湊』未翻刻戯曲集12・国立劇場芸能調査室

菅原伝授手習鑑：竹田出雲他（著）祐田善雄（校注）（一九六五）『文樂浄瑠璃集』日本古典文学大系99・岩波書店

助六所縁江戸桜：金井三笑（著）郡司正勝（校注）（一九六五）『歌舞伎十八番集』日本古典文学大系98・岩波書店

曾根崎心中：近松門左衛門（著）重友毅（校注）（一九五八）『近松浄瑠璃集 上』日本古典文学大系49・岩波書店

丹波與作待夜の小室節：近松門左衛門（著）國民圖書

株式会社（編）（一九二七）『近松門左衛門集』近代日本文學大系6・國民圖書株式會社
双蝶々曲輪日記：二代目竹田出雲・三好松洛・初代並木千柳（作）（一九六九）『丸本世話物集』名作歌舞伎全集7・東京創元新社
箕輪の心中：岡本綺堂（一九五二）『修禅寺物語・正雪の二代目他四篇』岩波文庫

脚本

鮎のうた：花登筺（一九七九）『鮎のうた　上』日本放送出版協会
桐一葉：坪内逍遥（一九二六）「桐一葉」『逍遥選集』1・春陽堂
出家とその弟子：倉田百三（一九一七）『出家とその弟子』岩波文庫
俊寛：倉田百三（一九七六）『新装　倉田百三選集5』春秋社
ぢやぢや馬馴らし：シェークスピア（原作）坪内逍遥（訳）（一九三四）『ぢやぢや馬馴らし』新修シェークスピヤ全集16・中央公論社
南蛮寺門前：木下杢太郎・北原白秋他（著）（一九六六）「南蠻寺門前」『明治反自然派文學集』明治文學全集74・筑摩書房
ひょっこりひょうたん島：井上ひさし・山元護久（一九九〇）『ひょっこりひょうたん島1』ちくま文庫・筑摩書房
冬の夜ばなし：シェークスピア（原作）坪内逍遥（訳）（一九三四）『冬の夜ばなし』新修シェークスピヤ全集36・中央公論社
真夏の夜の夢：シェークスピア（原作）坪内逍遥（訳）（一九三四）『真夏の夜の夢』新修シェークスピヤ全集4・中央公論社
むだ騒ぎ：シェークスピア（原作）坪内逍遥（訳）（一九三五）『むだ騒ぎ』新修シェークスピヤ全集18・中央公論社
夕鶴：森本薫、木下順二、田中千禾夫、飯澤匡（一九七〇）『森本薫・木下順二・田中千禾夫・飯澤匡集』現代日本文学大系83・筑摩書房

リヤ王：シェークスピア（原作）坪内逍遙（訳）（一九三四）『リヤ王』新修シェークスピヤ全集30・中央公論社
露妙樹利戯曲春情浮世之夢：シェイクスピア（著）川戸道昭、榊原貴教（編）河島敬藏（訳）（一九九九）『シェイクスピア翻訳文学全集3』大空社

狂言
三人夫：池田廣司・北原保雄（一九九六）『大蔵虎明本狂言集の研究 上』表現社
花子：橋本朝生・土井洋一（校注）（一九九六）『狂言記』新日本古典文学大系58・岩波書店

記録
Exercises in the Yokohama Dialect（改訂増補版）：Kaiser, Stefan (Introduction) (1995) *The Western Rediscovery of the Japanese Language*. Vol. 5, Surrey: Curzon Press
大阪弁、船場ことば、商売人、古いしきたり：国立国語研究所（編）（二〇〇二）「大阪弁、船場ことば、商売人、古いしきたり」『全国方言談話データベース　日本のふるさとことば集成　第一三巻大阪・兵庫』国書刊行会
全国方言資料・広島県：日本放送協会（編）（一九九九）『全国方言資料』5・日本放送出版協会
古川ロッパ昭和日記：古川ロッパ（一九八七）『古川ロッパ昭和日記・戦前篇』晶文社

講談
荒木又右衛門：大河内翠山（著）尾崎秀樹（編）（一九九五）『少年講談集』少年小説大系別巻2・三一書房

滑稽本
安愚楽鍋：仮名垣魯文（著）興津要・前田愛（注釈）（一九七〇）『明治開化期文学集』日本近代文学大系1・角川書店
浮世床：式亭三馬（著）中西善三（校注）（一九五五

五）『浮世床』日本古典全書第六十九回配本・朝日新聞社

浮世風呂：式亭三馬（著）神保五彌（校注）（一九八九）『浮世風呂・戯場粋言幕の外・大千世界楽屋探』新日本古典文学大系86・岩波書店

狂言田舎操：式亭三馬・楽亭馬笑（著）岡雅彦（校訂）（一九九〇）『滑稽本集　一』叢書江戸文庫19・国書刊行会

東海道中膝栗毛：十返舎一九（著）中村幸彦（校注）（一九九五）『東海道中膝栗毛』新編日本古典文学全集81・小学館

古典

閑吟集：小林芳規他（校注）（一九九三）『梁塵秘抄・閑吟集・狂言歌謡』新日本古典文学大系56・岩波書店

源氏物語：紫式部（著）山岸徳平（校注）（一九六一）『源氏物語　三』日本古典文学大系16・岩波書店

竹取物語：堀内秀晃・秋山虔（校注）（一九九七）『竹取物語・伊勢物語』新日本古典文学大系17・岩波書店

竹斎はなし：竹斎（著）武藤禎夫・岡雅彦（編）（一九七六）『噺本大系』3・東京堂出版

徒然草：吉田兼好（著）久保田淳（校注）（一九八九）『方丈記・徒然草』新日本古典文学大系39・岩波書店

土佐日記：紀貫之他（著）吉岡曠他（校注）（一九八九）『土佐日記・蜻蛉日記・紫式部日記・更級日記』新日本古典文学大系24・岩波書店

洒落本

自惚鏡：國民圖書株式会社（編）（一九二七）『洒落本代表作集　全』近代日本文學大系11・國民圖書株式会社

興斗月：武木右衛門（一九八八）『洒落本大成』29・中央公論社

傾城買四十八手：山東京伝（著）水野稔（校注）（一九五八）『黄表紙洒落本集』日本古典文学大系59・岩波書店

柳巷訛言：朋誠堂喜三二（著）洒落本大成編集委員会（編）（一九八一）『洒落本大成』12・中央公論社

酔姿夢中：采遊（著）洒落本大成編集委員会（編）（一九八〇）『洒落本大成』8・中央公論社

青楼夜世界闇明月：神田あつ丸（著）洒落本大成編集委員会（編）（一七九九）『洒落本大成』8・中央公論社

にゃんの事だ：止動堂馬呑（著）洒落本大成編集委員会（編）（一九八一）『洒落本大成』11・中央公論社

皇都午睡：西沢一鳳（一八八三）『皇都午睡』甫喜山景雄

両国栞：丹波助之丞（著）洒落本大成編集委員会（編）（一九七九）『洒落本大成』5・中央公論社

小説

ああ玉杯に花うけて：佐藤紅緑（著）紀田順一郎・根本正義（編）（一九九二）『佐藤紅緑集』少年小説大系16・三一書房

顎十郎捕物帖　両国の鯨：久生十蘭（一九七三）『夢野久作・久生十蘭・橘外男集』大衆文学大系24・講談社

阿部一族：森鷗外（一九三八）『阿部一族』岩波文庫

ある宇宙塵の秘密：海野十三（一九九一）『俘囚』海野十三全集2・三一書房

いつか汽笛を鳴らして：畑山博（一九八二）『芥川賞全集』9・文藝春秋

浮雲：坪内逍遙・二葉亭四迷（著）青木稔弥、十川信介（校注）（二〇〇二）『坪内逍遙 二葉亭四迷集』新日本古典文学大系明治編18・岩波書店

宇宙女囚：海野十三（著）小松左京、紀田順一郎（監修）『太平洋魔城』海野十三全集6・三一書房

宇宙の迷子：海野十三（著）小松左京・紀田順一郎（監修）（一九八八）『四次元漂流』海野十三全集11・三一書房

梅龍の話：伊藤整他（編）（一九六八）『岡本綺堂・小山内薫・眞山青果集』日本現代文學全集34・講談社

右門捕物帖：佐々木味津三（一九八二）『右門捕物帖（二）』春陽文庫・春陽堂書店

エディプスの恋人：筒井康隆（一九八四）『12人の浮かれる男・エディプスの恋人』筒井康隆全集19・新潮社
閻魔王牒状：澤田ふじ子（一九九四）『閻魔王牒状』朝日新聞
お嬢様とお呼び！：森奈津子（一九九一）『お嬢さまとお呼び！』GAKKEN レモン文庫・学習研究社
お嬢さまの逆襲！：森奈津子（一九九一）『お嬢さまの逆襲！』GAKKEN レモン文庫・学習研究社
オレたちバブル入行組：池井戸潤（二〇〇七）『オレたちバブル入行組』文春文庫
女社長に乾杯！：赤川次郎（一九八四）『女社長に乾杯！ 上』新潮文庫
薤露行・一：夏目漱石（一九六六）『漱石全集』2・岩波書店
カイロ団長：宮沢賢治（一九四八）『イーハトーヴォ物語』ふくろぶんこ9・小山書店
火星兵団：海野十三（一九八九）『火星兵団』海野十三全集8・三一書房
火薬庫：岡本綺堂（著）種村季弘（編）（一九九三）『岡本綺堂』日本幻想文学集成23・国書刊行会
雁：森鷗外（一九八五）『雁』新潮文庫
棺桶の花嫁：海野十三（一九八九）『十八時の音楽浴』海野十三全集4・三一書房
鑑定：泉鏡花（一九四二）『鏡花全集』27・岩波書店
吉里吉里人：井上ひさし（一九八一）『吉里吉里人』新潮社
金鯱の夢：清水義範（一九八九）『金鯱の夢』集英社
釘抜藤吉捕物覚書：林不忘（一九七〇）『一人三人全集』1・河出書房新社
草枕：夏目漱石（一九六六）『漱石全集』2・岩波書店
沓掛時次郎：長谷川伸（一九七二）『長谷川伸・土師清二集』大衆文学大系11・講談社
国貞ゑがく：泉鏡太郎（二〇〇四）『新編泉鏡花集』2・岩波書店
国盗り物語：司馬遼太郎（一九七一）『国盗り物語〈上〉』新潮文庫
鞍馬天狗・角兵衛獅子：大佛次郎（一九八一）『角兵

衛獅子』鞍馬天狗4・朝日新聞社
黒い偉人：加藤謙一（編）（一九六六）『少年倶楽部名作選3』講談社
剣客商売・待ち伏せ：池波正太郎（二〇〇三）『待ち伏せ』剣客商売9・新潮文庫
剣客商売・井関道場・四天王：池波正太郎（二〇〇三）『待ち伏せ』剣客商売1・新潮文庫
告白：町田康（二〇〇五）『告白』中央公論新社
滑稽珍談　現今東京の有様：西森武城（愛柳）（一九九二）『滑稽珍談 現今東京の有様 今日の東京』近代日本地誌叢書 東京編35・龍渓書舎
古都：川端康成（一九七九）『古都・眠れる美女』新潮現代文学1・新潮社
稀覯人《コレクター》の不思議：二階堂黎人（二〇〇五）『稀覯人《コレクター》の不思議』・光文社
金色夜叉：尾崎紅葉（一九七一）『尾崎紅葉・徳冨蘆花・小栗風葉・泉鏡花集』大衆文学大系1・講談社
桜貝：吉屋信子（一九三五）『桜貝』実業之日本社
さぶ：山本周五郎（一九七九）『青べか物語・さぶ』新潮現代文学17・新潮社
三等重役：源氏鶏太（一九六一）『三等重役』新潮文庫
塩狩峠：三浦綾子（著）三浦光世（選）（二〇〇一）『塩狩峠・道ありき』三浦綾子小説選集3・角川書店
死刑囚と其裁判長：中西伊之助・布施辰治（一九二四）『審くもの審かれるもの』自然社
社会百面相：内田魯庵（著）野村喬（編）（一九八六）『内田魯庵全集』11・ゆまに書房
春昼後刻：泉鏡太郎（二〇〇四）『新編泉鏡花集』5・岩波書店
新源氏物語：田辺聖子（一九八四）『新源氏物語 上』新潮文庫
新橋烏森口青春編：椎名誠（一九九一）『新橋烏森口青春篇』新潮文庫
スモールワールド：サタミシュウ（二〇〇五）『スモールワールド』角川書店
青春の逆説：織田作之助（二〇一三）『わが町・青春の逆説』岩波文庫

千夜一夜・一〇・アラッヂーンと不思議なランプの話：大宅壯一（翻訳）（一九三〇）『千夜一夜』10・中央公論社

そめちがへ：森鷗外（一九七二）『鷗外全集』3・岩波書店

太閤と曽呂利：野花散人（一九一一）『太閤と曽呂利』立川文庫第八編・立川文明堂

大菩薩峠：中里介山（一九九四）『大菩薩峠 1』ちくま文庫・筑摩書房

同（一九九五）『大菩薩峠 2』ちくま文庫・筑摩書房

高橋阿傳夜刃譚：仮名垣魯文（著）須田千里・岩田秀行（校注）（二〇一〇）『明治戯作集』新日本古典文学大系明治編9・岩波書店

たけくらべ：樋口一葉（二〇〇一）『樋口一葉集』新日本古典文学大系明治編24・岩波書店

竹の木戸・上：国木田独歩（一九五六）『國木田独歩集』現代日本文学全集57・筑摩書房

多情多恨：尾崎紅葉（著）大岡信他（編）（一九九三）『紅葉全集』6・岩波書店

誰か Somebody：宮部みゆき（二〇〇七）『誰か― Somebody』文春文庫

丹下左膳　乾雲坤竜の巻：林不忘（一九九二）『丹下左膳（一）』林不忘傑作選1・山手書房

父親：里見弴（一九五六）『里見弴・久米正雄集』現代日本文学全集25・筑摩書房

父帰る：菊池寛（一九五五）『菊池寛・室生犀星集』現代日本文学全集27・筑摩書房

当世書生気質：坪内逍遙（二〇〇六）『当世書生気質』岩波文庫

謎解きはディナーのあとで：東川篤哉（二〇一〇）『謎解きはディナーのあとで』小学館

日本語の乱れ：清水義範（二〇〇〇）『日本語の乱れ』集英社

信子：獅子文六（一九六九）『獅子文六全集 2』朝日新聞社

旗本退屈男：佐々木味津三（一九八二）『旗本退屈男』春陽文庫・春陽堂書店

巴里の泣き黒子：田辺聖子（一九七五）『ここだけの女の話』新潮文庫
彼岸過迄：夏目漱石（一九六六）『漱石全集』5・岩波書店
風琴と魚の町：林芙美子（著）十返肇（編）（一九六一）『林芙美子集』日本文学全集57・新潮社
風流懺法：高浜虚子（一九五七）『高浜虚子集』現代日本文学全集66・筑摩書房
冬の旅：立原正秋（一九七三）『冬の旅』新潮文庫
不如帰：徳冨蘆花（一九八四）『不如帰』（民友社版）・秀選名著復刻全集近代文学館・ほるぷ出版
魔風恋風・前編：小杉天外（一九五一）『魔風恋風 前編』岩波書店
毬子：吉屋信子（二〇〇四）『毬子』吉屋信子少女小説選5・ゆまに書房
武蔵野：山田美妙（著）十川信介（校訂）（二〇一一）『いちご姫 胡蝶他二篇』岩波文庫
門：夏目漱石（一九六六）『漱石全集』4・岩波書店
藪の鶯：三宅花圃（一八八八）『藪の鶯』日本の文学77『名作集』1・中央公論社
雪国：川端康成（一九六九）『雪国』川端康成全集5・新潮社
夜明け前：島崎藤村（二〇〇三）『夜明け前』岩波文庫
妖婦：織田作之助（著）青山光二他（編）（一九七〇）『織田作之助全集』5・講談社
落語・教祖列伝―神殿魚心流開祖：坂口安吾（一九九八）『坂口安吾全集』11・精興社
竜馬がゆく：司馬遼太郎（一九九八）『竜馬がゆく（三）』文春文庫（新装版）
同（一九七二）『竜馬がゆく』司馬遼太郎全集3・文藝春秋
恋愛戦線異状なし：先端軟派文学研究会（編）（一九三〇）『恋愛戦線異状なし』法令館
吾輩は猫である：夏目漱石（一九六五）『漱石全集』1・岩波書店
忘れられた帝国：島田雅彦（二〇〇〇）『忘れられた帝国』新潮文庫
嗤う伊右衛門：京極夏彦（一九九七）『嗤う伊右衛

門』中央公論社

新聞

官許横浜毎日新聞：横濱毎日新聞會社（一九八九）『復刻版　横浜毎日新聞　第11巻』不二出版

童話

奴隷トム：H・E・B・ストウ（原作）百島冷泉（訳）（一九〇七）『奴隷トム』通俗文庫・内外出版協会

謎のズッコケ海賊島：那須正幹（一九九〇）ポプラ社文庫

ハリー・ポッターと賢者の石：J・K・ローリング（原作）松岡佑子（訳）（一九九九）『ハリー・ポッターと賢者の石』静山社

山男の四月：宮沢賢治（一九九五）『新　校本宮澤賢治全集12』積信堂

雪の女王：H・C・アンデルセン（原作）楠山正雄（訳）（一九五〇）『新訳アンデルセン童話全集　2』童話春秋社

人情本

春色梅児誉美：為永春水（著）中村幸彦（校注）（一九六二）『春色梅児誉美』日本古典文学大系64・岩波書店

花筺：松亭金水（一九一五）『風俗粋好傳・花筺』人情本刊行會9・人情本刊行會

俳諧・雑俳

鶯宿梅：素檗（一八二〇）『鶯宿梅』国立国会図書館デジタルコレクション

翻訳

コテコテ大阪弁訳「聖書」：ナニワ太郎&大阪弁訳聖書推進委員会（二〇〇〇）『コテコテ大阪弁訳「聖書」』データハウス

旧約聖書（明治二一年北英国聖書会社版）：阿毛久芳ほか（校注）（二〇〇一）『新体詩　聖書　賛美歌集』新日本古典文学大系明治編12・岩波書店

マンガ

Axis Powers ヘタリア：日丸屋秀和（二〇〇八）『Axis Powers ヘタリア②』BIRZ EXTRA 2・幻冬舎

BLACK JACK→ブラック・ジャック

BLOOD+：Production I. G.（原作）桂明日香（作画）（二〇〇六）『BLOOD+②』カドカワコミックスAエース・角川書店

Dr.スランプ：鳥山明（一九九五）『Dr.スランプ②』集英社文庫

同（一九九六）『Dr.スランプ⑤』集英社文庫

DRAGON BALL：鳥山明（二〇〇二）『DRAGON BALL①』ジャンプコミックス完全版・集英社

同（二〇〇二）『DRAGON BALL②』ジャンプコミックス完全版・集英社

同（二〇〇三）『DRAGON BALL⑥』ジャンプコミックス完全版・集英社

同（二〇〇三）『DRAGON BALL⑰』ジャンプコミックス完全版・集英社

同（二〇〇三）『DRAGON BALL㉖』ジャンプコミックス完全版・集英社

同（二〇〇四）『DRAGON BALL㉛』ジャンプコミックス完全版・集英社

同（二〇〇四）『DRAGON BALL㉜』ジャンプコミックス完全版・集英社

GALS!：藤井みほな（一九九九）『GALS!①』りぼんマスコットコミックス・集英社

I Love You Baby：小森みっこ（二〇一四）『I Love you Baby①』マーガレットコミックス・集英社

JIN―仁―：村上もとか（二〇〇三）『JIN―仁―③』ジャンプコミックス デラックス・集英社

同（二〇〇八）『JIN―仁―⑫』ジャンプコミックス デラックス・集英社

ONE PIECE：尾田栄一郎（一九九八）『ONE PIECE⑤』ジャンプコミックス・集英社

同（二〇〇〇）『ONE PIECE⑭』ジャンプコミックス・集英社

同（二〇〇五）『ONE PIECE㊵』ジャンプコミックス・集英社

同（二〇〇九）『ONE PIECE㊸』ジャンプコミックス・集英社
同（二〇一二）『ONE PIECE㊽』ジャンプコミックス・集英社
YAWARA!：浦沢直樹（一九八七）『YAWARA!①』ビッグコミックス・小学館
嗚呼!!花の応援団：太地大介（原案）どおくまん（作）（一九七五）『嗚呼!!花の応援団①』アクションコミックス・双葉社
あんみつ姫：倉金章介（一九七六）『あんみつ姫（上）』講談社漫画文庫
伊賀の影丸―外伝―：横山光輝（二〇〇七）『伊賀の影丸―外伝―』講談社プラチナコミックス
伊賀の影丸・闇一族の巻：横山光輝（二〇〇六）『伊賀の影丸―闇一族の巻―』秋田書店
伊賀の影丸・若葉城炎上の巻：横山光輝（一九六七）『伊賀の影丸―若葉城炎上の巻【下】―』ゴールデン・コミックス・小学館
うる星やつら：高橋留美子（一九七八―八七）『うる星やつら⑮』少年サンデーコミックス・小学館
エースをねらえ!：山本鈴美香（一九九四）『エースをねらえ!①』中公文庫コミックス版・中央公論新社
美味しんぼ：雁屋哲（一九八五）『美味しんぼ④』ビッグコミックス・小学館
同（一九八六）『美味しんぼ⑤』ビッグコミックス・小学館
おーい!竜馬：武田鉄矢（原作）（二〇〇二）『おーい!竜馬④』文庫版・小学館
大奥：よしながふみ（二〇〇五）『大奥①』ジェッツコミックス・白泉社
男おいどん：松本零士（一九八六）『男おいどん 第1集』KCスペシャル271・講談社
同（一九八六）『男おいどん 第2集』KCスペシャル272・講談社
おじゃる丸：犬丸りん（原案）（一九九九）『おじゃる丸①』アニメコミックス・ソフトバンクパブリッシング（アニメ『おじゃる丸』NHK Eテレ 一九九八〜 ©犬丸りん・NHK・NEP）

おにいさまへ…：池田理代子（二〇〇二）『おにいさまへ…①』中公文庫コミックス・中央公論新社

オバタリアン：堀田かつひこ（一九九六）『オバタリアン』竹書房文庫ギャグ・ザ・ベスト・竹書房

カードキャプターさくら：CLAMP（一九九六）『カードキャプターさくら①』KCデラックス なかよし・講談社

ガールズ&パンツァー もっとらぶらぶ作戦です！：弐尉マルコ・ガールズ&パンツァー製作委員会（二〇一四）『ガールズ&パンツァー もっとらぶらぶ作戦です！②』MFコミックス アライブシリーズ・KADOKAWA メディアファクトリー

会長はメイド様！：藤原ヒロ（二〇〇七）『会長はメイド様！②』花とゆめCOMICS・白泉社

怪物くん：藤子不二雄Ⓐ（二〇〇二）『新編集 怪物くん①』藤子不二雄Ⓐランド VOL. 001・ブッキング

帰ッテキタせぇるすまん：藤子不二雄Ⓐ（二〇〇三）『帰ッテキタせぇるすまん②』マンサンQコミックス・実業之日本社

がじゅまるファミリー：ももココロ（二〇〇八）『がじゅまるファミリー①』琉球新報社

家庭教師ヒットマンREBORN!：天野明（二〇〇四）『家庭教師ヒットマンREBORN! ①』ジャンプコミックス・集英社

きみはペット：小川彌生（二〇〇二）『きみはペット④』講談社コミックスキス

ギャグマンガ日和：増田こうすけ（二〇〇四）『ギャグマンガ日和⑤』ジャンプコミックス・集英社

キャプテン翼：高橋陽一（一九九七）『キャプテン翼①』集英社文庫

同（一九九八）『キャプテン翼⑧』集英社文庫

巨人の星：梶原一騎（原作）川崎のぼる（漫画）（一九九五）『巨人の星①』講談社漫画文庫

同（一九九五）『巨人の星⑪』講談社漫画文庫

きんぎょ注意報！：猫部ねこ（一九九三）『きんぎょ注意報！⑧』KCなかよしコミックス・講談社

キングダム：原泰久（二〇一〇）『キングダム⑱』ヤングジャンプコミックス・集英社

銀魂：空知英秋（二〇一〇）『銀魂㉟』ジャンプコミックス・集英社
キン肉マン：ゆでたまご（一九八〇）『キン肉マン①』ジャンプコミックス・集英社
同（一九八〇）『キン肉マン②』ジャンプコミックス・集英社
紅匂ふ：大和和紀（二〇〇五）『紅匂ふ②』講談社コミックスビーラブ
同（二〇〇六）『紅匂ふ③』講談社コミックスビーラブ
クレヨンしんちゃん：臼井儀人（二〇〇〇）『クレヨンしんちゃん㉕』アクションコミックス・双葉社
黒子のバスケ：藤巻忠俊（二〇〇九）『黒子のバスケ②』ジャンプコミックス・集英社
同（二〇一三）『黒子のバスケ㉑』ジャンプコミックス・集英社
黒執事：枢やな（二〇〇七）『黒執事②』Gファンタジーコミックス・スクウェア・エニックス
ケロロ軍曹：吉崎観音（一九九九）『ケロロ軍曹①』角川コミックス・エース・角川書店
サインはV！：神保史郎（原作）望月あきら（漫画）（一九七七）『サインはV！①』ヒット・コミックス・ひばり書房
さくらん：安野モヨコ（二〇〇三）『さくらん』KCデラックスイブニング・講談社
サザエさん：長谷川町子（一九九四）『サザエさん㊷』文庫版・朝日新聞社
さらい屋五葉：オノ・ナツメ（二〇〇七）『さらい屋五葉②』IKKI COMICS・小学館
三国志：横山光輝（一九九七）『三国志①』潮漫画文庫・潮出版社
渋谷のあばれ馬：みかわ咲（二〇〇四）『渋谷のあばれ馬②』デザートコミックス・講談社
自分まかせは人まかせ：辻井タカヒロ（二〇一一）『大阪人』65-5・（財）大阪市都市工学情報センター
じゃりン子チエ：はるき悦巳（一九七九）『じゃりン子チエ②』アクションコミックス・双葉社
同（一九七九）『じゃりン子チエ③』アクション

コミックス・双葉社
同（一九八〇）『じゃりン子チエ⑤』アクションコミックス・双葉社
同（一九八〇）『じゃりン子チエ⑥』アクションコミックス・双葉社
同（一九八一）『じゃりン子チエ⑧』アクションコミックス・双葉社
朱房の小天狗：うしおそうじ（一九八六）『朱房の小天狗　第1集』うしおそうじ傑作選・第1期（復刻版）・サイハート
昭和元禄落語心中：雲田はるこ（二〇一一）『昭和元禄落語心中①』KCx・講談社
白鳥麗子でございます！：鈴木由美子（一九八九）『白鳥麗子でございます！④』講談社コミックスミミ
好きやねん！：おおつぼマキ（一九九五）『好きやねん！①』アクションコミックス・双葉社
鉄腕アトム：手塚治虫（一九七九）『鉄腕アトム①』手塚治虫漫画全集221・講談社
同（一九八〇）『鉄腕アトム⑤』手塚治虫漫画全集225・講談社
同（一九八〇）『鉄腕アトム⑧』手塚治虫漫画全集228・講談社
同（一九八〇）『鉄腕アトム⑨』手塚治虫漫画全集229・講談社
同（一九八〇）『鉄腕アトム⑪』手塚治虫漫画全集231・講談社
同（一九八一）『鉄腕アトム⑫』手塚治虫漫画全集232・講談社
動物のお医者さん：佐々木倫子（一九八九）『動物のお医者さん①』花とゆめCOMICS・白泉社
ドラえもん：藤子・F・不二雄（一九七四）『ドラえもん①』てんとうむしコミックス・小学館
同（一九八六）『ドラえもん㊱』てんとうむしコミックス・小学館
ドラゴンボール→DRAGON BALL
とりかえ・ばや：さいとうちほ（二〇一三）『とりかえ・ばや①』フラワーコミックス・小学館
ナニワ金融道：青木雄二（一九九一）『ナニワ金融道

①』モーニングKC・講談社
なにわ幕情：岡直裕（一九九三）『なにわ幕情①』ワイドKC・講談社
忍者ハットリくん：藤子不二雄Ⓐ（二〇〇三）『新編集　忍者ハットリくん①』藤子不二雄ⒶランドVOL. 029・ブッキング
のだめカンタービレ：二ノ宮知子（二〇〇二）『のだめカンタービレ②』講談社コミックスキス
同（二〇〇二）『のだめカンタービレ④』講談社コミックスキス
のらくろ武勇談：田河水泡（一九六九）『のらくろ武勇談』講談社
博多っ子純情：長谷川法世（一九七七）『博多っ子純情①』アクションコミックス・双葉社
同（一九七七）『博多っ子純情③』アクションコミックス・双葉社
鋼の錬金術師：荒川弘（二〇〇二）『鋼の錬金術師③』ガンガンコミックス・スクウェア・エニックス
ハクション大魔王：タツノコプロ（二〇〇九）『ハクション大魔王』マンガショップシリーズ完全版・マンガショップ
ハチワンダイバー：柴田ヨクサル（二〇〇六）『ハチワンダイバー①』ヤングジャンプコミックス・集英社
花ざかりの君たちへ：中条比紗也（二〇〇七）『花ざかりの君たちへ①』花とゆめCOMICSスペシャル・白泉社
同（一九九八）『花ざかりの君たちへ⑥』花とゆめCOMICS・白泉社
パーマン：藤子・F・不二雄（一九九七）『パーマン②』小学館コロコロ文庫
バリハケン：鈴木信也（二〇〇八）『バリハケン②』ジャンプコミックス・集英社
同（二〇〇九）『バリハケン④』ジャンプコミックス・集英社
光る風：山上たつひこ（二〇〇八）『光る風』小学館クリエイティブ

美少女戦士セーラームーン：武内直子（二〇〇三）『美少女戦士セーラームーン①』新装版・ＫＣデラックス・講談社

百人遊女：坂辺周一（二〇〇六）『百人遊女③』ＳＰコミックス・リイド社

百年の祭り：たかもちげん（一九九二）『百年の祭り①』アクションコミックス・双葉社

同（一九九三）『百年の祭り⑤』アクションコミックス・双葉社

ビリーパック：河島光広（一九五六）『ビリーパック①』少年画報社

フジ三太郎：サトウサンペイ（一九六六）『朝日新聞縮刷版』昭和四十一年九月号通巻五四三号朝日新聞社

ブラック・エンジェルズ：平松伸二（二〇〇〇）『ブラック・エンジェルズ①』集英社文庫

ブラック・ジャック：手塚治虫（二〇〇三）『ブラック・ジャック⑰』秋田文庫・秋田書店

同（一九七七）『ブラック・ジャック①』手塚治虫漫画全集151・講談社

プロゴルファー猿：藤子不二雄Ⓐ（一九九四）『プロゴルファー猿①』中公文庫コミック版・中央公論新社

ベルサイユのばら：池田理代子（一九九四）『ベルサイユのばら④』集英社文庫

北斗の拳：武論尊（原作）原哲夫（漫画）（一九九七）『北斗の拳①』集英社文庫

三つ目がとおる：手塚治虫（一九八〇）『三つ目がとおる⑩』手塚治虫漫画全集110・講談社

名探偵コナン：青山剛昌（一九九四）『名探偵コナン①』少年サンデーコミックス・小学館

同（二〇〇〇）『名探偵コナン㉗』少年サンデーコミックス・小学館

同（二〇一三）『名探偵コナン(79)』少年サンデーコミックス・小学館

幽☆遊☆白書：冨樫義博（二〇一〇）『幽☆遊☆白書①』集英社文庫

同（二〇一一）『幽☆遊☆白書④』集英社文庫

ラブ☆コン：中原アヤ（二〇〇二）『ラブ☆コン①』

マーガレットコミックス・集英社
らんま½：高橋留美子（一九八八）『らんま½①』少年サンデーコミックス・小学館
同（一九八八）『らんま½③』少年サンデーコミックス・小学館
同（一九八八）『らんま½⑤』少年サンデーコミックス・小学館
同（一九八九）『らんま½⑧』少年サンデーコミックス・小学館
るろうに剣心：和月伸宏（二〇〇六）『るろうに剣心―明治剣客浪漫譚―①』完全版・集英社
ローゼンメイデン：PEACH-PIT（二〇〇三）『ローゼンメイデン②』新装版・集英社
ロマンチックあ・げ・る：一条ゆかり（一九九〇）『ロマンチックください』りぼんマスコットコミックス・集英社
笑う大天使：川原泉（一九八七）『笑う大天使①』花とゆめCOMICS・白泉社
ワンピース→ONE PIECE

漫才
交通巡査：喜味こいし・戸田学（編）（二〇〇四）『いとしこいし 漫才の世界』岩波書店

読本
諸国百物語：太刀川清（校訂）（一九八七）『百物語怪談集成』叢書江戸文庫2・国書刊行会
列国怪談聞書帖：十返舎一九（著）棚橋正博（校訂）（一九九七）『十返舎一九集』叢書江戸文庫43・国書刊行会

落語
あた棒：（一九八九）『古典落語百華選』講談社
景清：桂米朝（一九八一）『米朝落語全集』2・創元社
敵討ち屋：作者不詳（一九八五）『古典落語』講談社
鹿の子餅：山風［嵐］（著）小高敏郎（校注）（一九六六）『江戸笑話集』日本古典文学大系100・岩波書店
けんげしゃ茶屋：桂米朝（一九八一）『米朝落語全

集』5・創元社
地獄八景亡者戯：桂米朝（一九八一）『特選!!米朝落語全集』4・創元社
志ん朝の落語・三・寝床：古今亭志ん朝（二〇〇三）『志ん朝の落語3 遊び色々』ちくま文庫・筑摩書房
崇徳院：桂米朝（一九八一）『米朝落語全集』3・創元社
隅田の馴染め：三遊亭円遊（一九八〇）『明治大正落語集成』1・講談社
胴乱の幸助：（一八九四）『胴乱の幸助』駸々堂
法華長屋：作者不詳（一九八五）『古典落語』講談社
万病円：作者不詳（一九八五）『古典落語』講談社
幽霊と気違ひ：暉峻康隆、興津要、榎本滋民（編）（一九八〇）『口演速記 明治大正落語集成』講談社

和歌集

後撰和歌集：片桐洋一（校注）（一九九〇）『後撰和歌集』新日本古典文学大系6・岩波書店

※映像・音声作品の聞き取りによる用例については、出典の表示を省略した。

参考文献

東浩紀（二〇〇一）『動物化するポストモダン―オタクから見た日本社会』講談社現代新書

伊藤啓（二〇〇五）「「うらめしや」について」大阪大学国語学演習「役割語辞典の作成」発表レジュメ

太田眞希恵（二〇一一）「ウサイン・ボルトの〝I〟は、なぜ「オレ」と訳されるのか―スポーツ放送の「役割語」―」金水敏（編）（二〇一一）所収

岡﨑友子・南侑里（二〇一一）「役割語としての「幼児語」とその周辺」金水敏（編）（二〇一一）所収

岡田斗司夫（二〇〇〇）『オタク学入門』新潮ＯＨ！文庫

岡田斗司夫（二〇〇八）『オタクはすでに死んでいる』新潮新書

尾崎喜光（二〇〇九）「日本語研究における量的調査と質的調査」『比較日本文化研究』12号

ガウバッツ、トーマス・マーチン（二〇〇七）「小説における米語方言の日本語訳について」金水敏（編）（二〇〇七）所収

金沢裕之（一九九八）『近代大阪語変遷の研究』和泉書院

金田純平（二〇一一）「要素に注目した役割語対照研究―「キャラ語尾」は通言語的なりうるか―」金水敏（編）（二〇一一）所収

川崎洋（編著）（一九八五）『ギャル語分け知り情報館―最新版』講談社

川瀬卓（二〇一〇）「「キャラ語尾「です」の特徴と位置付け」『文献探究』48号

衣畑智秀・楊昌洙（二〇〇七）「役割語としての「軍隊語」の成立」金水敏（編）（二〇〇七）所収
金水敏（二〇〇〇）「役割語探求の提案」佐藤喜代治（編）『国語史の新視点』国語論究第8集、明治書院
金水敏（二〇〇三）『ヴァーチャル日本語　役割語の謎』岩波書店
金水敏（編）（二〇〇七）『役割語研究の地平』くろしお出版
金水敏（二〇〇七a）「近代日本マンガの言語」金水敏（編）（二〇〇七）所収
金水敏（二〇〇七b）「役割語としてのピジン日本語の歴史素描」金水敏（編）（二〇〇七）所収
金水敏（二〇〇八a）「日本マンガにおける異人ことば」伊藤公雄（編）『マンガのなかの〈他者〉』臨川書店
金水敏（二〇〇八b）「役割語と日本語史」金水敏・乾善彦・渋谷勝己『日本語史のインタフェース』シリーズ日本語史4、岩波書店
金水敏（二〇一〇）「「男ことば」の歴史―「おれ」「ぼく」を中心に」中村桃子（編）（二〇一〇）所収
金水敏（編）（二〇一一）『役割語研究の展開』くろしお出版
金水敏（二〇一一a）「現代日本語の役割語と発話キャラクタ」金水敏（編）（二〇一一）所収
金水敏（二〇一一b）「翻訳における制約と創造性―役割語の観点から―」杉藤美代子（編）『音声文法』くろしお出版
金水敏（二〇一三）「役割語研究の10年―日本大学国文学会講演記録―」『語文』147号
金水敏（二〇一四）『コレモ日本語アルカ？―異人のことばが生まれるとき―』岩波書店
金水敏・田中さつき・小島千佳・津田としみ・仲川有香里・中野直也・三好敏子・東雅人・伊藤怜奈（著）岩田美穂・藤本真理子（要約）（二〇一一）「大阪大学卒業論文より（2002～2010）」金水敏（編）（二〇一一）所収

金水敏・田中ゆかり・岡室美奈子（編）（二〇一四）『ドラマと方言の新しい関係―『カーネーション』から『八重の桜』、そして『あまちゃん』へ―』笠間書院
倉持益子（二〇〇九）「新敬語「ス」の機能と使用法の変化―ポライトネスストラテジーを中心に―」『言語と交流』12号
小林信彦（二〇〇〇）『現代〈死語〉ノートII』岩波新書
米井力也（二〇一一）「『風の谷のナウシカ』と役割語―映像翻訳論覚書―」金水敏（編）（二〇一一）所収
斎藤環（二〇〇〇）『戦闘美少女の精神分析』太田出版
定延利之（二〇〇七）「キャラ助詞が現れる環境」金水敏（編）（二〇〇七）所収
定延利之（二〇一一a）『日本語社会のぞきキャラくり―顔つき・カラダつき・ことばつき―』三省堂
定延利之（二〇一一b）「キャラクタは文法をどこまで変えるか？」金水敏（編）（二〇一一）所収
杉田英明（二〇一二）『アラビアン・ナイトと日本人』岩波書店
高島俊男（二〇〇七）『お言葉ですが…8　同期の桜』文春文庫
高田知波（一九九六）「雅号・ローマンス・自称詞―『婦女の鑑』のジェンダー戦略」『日本近代文学』55集
田中ゆかり（二〇〇七）「「方言コスプレ」にみる「方言おもちゃ化」の時代」『文学』8巻6号、岩波書店
田中ゆかり（二〇一一）『「方言コスプレ」の時代―ニセ関西弁から龍馬語まで―』岩波書店
鄭惠先（二〇〇七）「日韓対照役割語研究」金水敏（編）（二〇〇七）所収
鄭惠先（二〇一一）「役割語を主題とした日韓翻訳の実践　―課題遂行型の翻訳活動を通しての気づきとスキル向上―」金水敏（編）（二〇一一）所収
辻加代子（二〇〇九）『「ハル」敬語考―京都語の社会言語史―』ひつじ書房

冨樫純一（二〇一一）「ツンデレ属性における言語表現の特徴―ツンデレ表現ケーススタディ―」金水敏（編）（二〇一一）所収
長崎靖子（二〇〇四）「江戸語から東京語に至る断定辞としての終助詞「よ」の変遷―断定辞としての終助詞「さ」との比較から―」『近代語研究』12集、武蔵野書院
中村桃子（二〇〇七a）『「女ことば」はつくられる』ひつじ書房
中村桃子（二〇〇七b）『〝性〟と日本語―ことばがつくる女と男』日本放送出版協会
中村桃子（編）（二〇一〇）『ジェンダーで学ぶ言語学』世界思想社
中村桃子（二〇一二）『女ことばと日本語』岩波新書
中村桃子（二〇一三）『翻訳がつくる日本語―ヒロインは「女ことば」を話し続ける―』白澤社
西尾久美子（二〇〇九）「舞妓さんのもっとも大切な3つの言葉」東洋経済オンライン：http://toyokeizai.net/articles/-/2706?
西田隆政（二〇一一）「役割語としてのツンデレ表現―「常用性」の有無に着目して―」金水敏（編）（二〇一一）所収
西山松之助（一九八〇）『江戸っ子』吉川弘文館
早川清・山崎龍（二〇〇八）「メイド喫茶サイドレポート'98～'08」早川清・山崎龍・木全直弘・清水銀嶺・佐藤楓（編著）『メイド喫茶で会いましょう』アールズ出版
堀田純司（二〇〇五）『萌え萌えジャパン―二兆円市場の萌える構造』講談社
堀井令以知（編）（一九九五）『大阪ことば辞典』東京堂出版
牧村史陽（編）（二〇〇四）『新版　大阪ことば事典』講談社

松本修（二〇一〇）『「お笑い」日本語革命』新潮社（のちに改題『どんくさいおかんがキレるみたいな。』新潮文庫、二〇一三）
本浜秀彦（二〇一一）「「沖縄人」表象と役割語―語尾表現「さ」（「さぁ」）から考える―」金水敏（編）（二〇一一）所収
諸星美智直（二〇〇四）『近世武家言葉の研究』清文堂出版
吉村和真（一九九八）「歴史表象としての視覚的「日本人」像」江戸の思想編集委員会（編）『江戸の思想』第8号、ぺりかん社（伊藤公雄（編）（二〇〇八）『マンガのなかの〈他者〉』臨川書店刊に再録）
吉村和真・田中聡・表智之（二〇〇七）『差別と向き合うマンガたち』臨川書店
依田恵美（二〇〇七）「〈西洋人語〉「おお、ロミオ！」の文型―その確立と普及―」金水敏（編）（二〇〇七）所収
依田恵美（二〇一一）「役割語としての片言日本語―西洋人キャラクタを中心に―」金水敏（編）（二〇一一）所収

＊　＊　＊

『朝日新聞』「ナマっても気にしねっす　薄れる方言コンプレックス」東京朝刊一九七六年五月二四日一七頁（無記名）（朝日新聞東京本社（一九七六）『朝日新聞縮刷版　昭和五十一年　五月号　通巻六五九号』朝日新聞社）
『毎日新聞』「コウタローが大学講師に」東京朝刊一九八七年四月一六日二六頁（無記名）（毎日新聞東京本社（一九八七）『毎日新聞縮刷版　昭和六十二年　四月号』毎日新聞社）
ＲｉｎＲｉｎ王国「メイド喫茶・コスプレ喫茶・メイドカフェ年表」http://www.pluto.dti.ne.jp/rinou/maid/history.html

な行

は行

ま行

や行

ら・わ行

か行

さ行

た行

役割語名索引

あ行

岡﨑　友子（おかざき・ともこ）
1967年生まれ。大阪大学大学院文学研究科博士後期課程修了。大阪大学助手、就実大学准教授を経て、現在、立命館大学文学部教授。専門は日本語史。主な業績として、『日本語指示詞の歴史的研究』（ひつじ書房、2010）、「役割語としての「幼児語」とその周辺」（金水敏編『役割語研究の展開』くろしお出版、2011）、「指示詞系接続語の歴史的変化―中古の「カクテ・サテ」を中心に―」（青木博史編『日本語文法の歴史と変化』くろしお出版、2011）などがある。

廣坂　直子（ひろさか・なおこ）
1971年生まれ。大阪大学大学院文学研究科博士後期課程退学。現職は非常勤講師。専門は日本語史（文法の変化・訓点）。主な業績として、「付帯状況を表すタママ節について」（『語文』75・76, 2001）、「国際仏教学大学院大学本『摩訶止観』巻第一　解題・影印・訓読」（共著、『日本古寫經善本叢刊第七輯』、2014）などがある。
fwna7622@nifty.com

藤本　真理子（ふじもと・まりこ）
1983年生まれ。大阪大学大学院文学研究科修了（博士（文学））。現在、尾道市立大学芸術文化学部准教授。専門は日本語文法・日本語史。主な業績として、「「古代語のカ（ア）系列指示詞」再考」（『日本語文法』9-2、2009）など。その他に、「大阪大学卒業論文より（2002～2010）」（要約、金水敏編『役割語研究の展開』くろしお出版、2011）などがある。

依田　恵美（よだ・めぐみ）
1976年生まれ。大阪大学大学院文学研究科博士後期課程単位取得満期退学。現在は帝塚山大学文学部准教授。専門は日本語史。主な業績として、「西洋らしさを担う役割語―『おお、ロミオ！』の文型から―」（『語文』79、2002）、「中央語におけるサ行四段動詞イ音便の衰退時期をめぐって」（『待兼山論叢』文学篇39、2005）、「役割語としての片言日本語―西洋人キャラクタを中心に―」（金水敏編『役割語研究の展開』くろしお出版、2011）、「カタコトの日本語と役割語」（『日本研究』14、2013）などがある。

編著者紹介

金水　敏（きんすい・さとし）

1956年生まれ。博士（文学）。放送大学大阪学習センター所長。大阪女子大学学芸学部講師、神戸大学文学部助教授、大阪大学大学院文学研究科教授等を経て、2022年より現職。主な専門は日本語文法の歴史および役割語（言語のステレオタイプ）の研究。主な編著書として、『ヴァーチャル日本語 役割語の謎』（岩波書店、2003）、『日本語存在表現の歴史』（ひつじ書房、2006）、『役割語研究の地平』（くろしお出版、2007）、『役割語研究の展開』（くろしお出版、2011）、『ドラマと方言の新しい関係 ―『カーネーション』から『八重の桜』、そして『あまちゃん』へ―』（田中ゆかり・岡室美奈子と共編、笠間書院、2014）、『コレモ日本語アルカ？ ―異人のことばが生まれるとき―』（岩波書店、2014）などがある。

執筆者紹介

岩田　美穂（いわた・みほ）

1980年生まれ。大阪大学大学院博士後期課程修了（博士（文学））。現在、就実大学人文科学部准教授。専門は日本語史（文法史）。主な業績として、「引用句派生の例示」（『日本語文法史研究』1、2012）、「例示並列形式としてのトカの史的変遷」（益岡隆志ほか編『日本語複文構文の研究』ひつじ書房、2014）などがある。

大田垣　仁（おおたがき・さとし）

1980年生まれ。大阪大学大学院文学研究科博士後期課程修了。博士（文学）（大阪大学、2012年）。現職は近畿大学文芸学部准教授。専門は日本語学（換喩を中心とした名詞句意味論）。主な業績として、「指示的換喩と意味変化 ―名前転送における語彙化のパターン―」（『日本語の研究』5(4)、2009）。「換喩と個体性 ―名詞句単位の換喩における語用論的コネクターの存否からみた―」（『待兼山論叢』文学篇45、2012）。「換喩と名づけ ―換喩とエポニムの定着の比較からみた―」（『国語語彙史の研究』31、2012）。「換喩もどきの指示性について」（『語文』100・101、2013）などがある。

KENKYUSHA

〈検印省略〉

〈役割語《やくわりご》〉小辞典《しょうじてん》

二〇一四年九月三十日　初版発行
二〇二三年三月二四日　四刷発行

編者　金《きん》水《すい》敏《さとし》
発行者　吉田尚志
発行所　株式会社　研究社
〒一〇二―八一五二
東京都千代田区富士見二―十一―三
電話　（編集）〇三―三二八八―七七一一
（営業）〇三―三二八八―七七七七
振替　〇〇一五〇―九―二六七一〇
https://www.kenkyusha.co.jp/
装丁・レイアウト　金子　泰明
印刷所　図書印刷株式会社

定価はカバーに表示してあります。
本書の全部または一部を無断で複写複製（コピー）することは、著作権法上の例外を除き、禁じられています。
乱丁本・落丁本はお取り換えいたします。

© Satoshi Kinsui 2014

ISBN 978-4-7674-9113-4　C0581
Printed in Japan